# LA RESPIRACIÓN DEL UNIVERSO

U

Mónica Martos, 2016

INFO ABOUT RIGHTS

Depósito Legal: AB-127-2016
I.S.B.N.: 978-84-16607-65-5
Impreso en España

unoeditorial.com
info@unoeditorial.com

La reproducción total o parcial de este libro, por cualquier medio, no autorizada por los autores y editores viola derechos reservados. Cualquier utilización debe ser previamente autorizada.

# LA RESPIRACIÓN
# DEL UNIVERSO

Mónica Martos

U

## DEDICADO A….

Mi amado esposo por ser mi refugio, el pilar donde sostengo toda mi esencia, por ver en mí lo que realmente soy, pero por encima de todo por ser *mi príncipe azul.*

A mis bellísimos hijos porque ellos han traído a mi vida tanto entendimiento y amor, han sido "mis grandes maestros".

A mi bellísima hermana, porque fue siempre mi "ángel" desde mi tierna infancia hasta el día de hoy, me ilumina, me llena de amor, de entendimiento, en cada paso. Gracias por ser la "luz" en mi camino.

Al ser que me dio la vida y que me amó sin límites, hasta la extenuación, que entregó su corazón hasta las últimas consecuencias… MI MADRE.

# ÍNDICE

Presentación ................................................. 11

Qué somos .................................................... 13

Hacia dónde vamos ...................................... 33

Cómo entender nuestro mundo cuántico ............... 53

Cómo integrar la información ..................... 71

Citas ............................................................... 83

Agradecimientos ........................................ 89

# PRESENTACIÓN

Quisiera expresar mi deseo de comenzar este viaje a vuestro lado y no que sólo seáis meros lectores.

Desde que tengo uso de razón, mi vida ha sido siempre una búsqueda. Tardé muchos años y fueron muchos seres, los que de forma intermitente o permanente anduvieron el camino a mi lado, me hicieron de *bellísimos espejos* para mi crecimiento y para traerme hasta donde estoy en este momento cuántico. Siempre existía la necesidad en mí de buscar...

Pero ¿buscar qué?

Con los años descubrí que no encontraba la respuesta porque no hacía la pregunta adecuada. Después de muchas experiencias vividas, me di cuenta que la pregunta adecuada no era ¿el qué?, sino ¿a quién?

Supe entonces que a quién buscaba era a mí misma, lo que soy y lo que he venido a hacer a este planeta.

Es esto lo que quiero compartir con todos mis amados lectores, deseo trasmitiros la emoción, la honorabilidad y el amor incondicional que se siente al descubriros a vosotros mismos, porque éste es el mayor regalo que os podéis hacer.

Os mostraré las herramientas acompañadas de conocimiento y entendimiento, para que lleguéis a vosotros mismos, a la completa unificación con vuestro YO SUPERIOR, con todo lo que existe y palpita en un solo latir...

*LA RESPIRACIÓN DEL UNIVERSO.*

Este viaje que haremos juntos tiene un solo propósito:
Descubrir, sentir, integrar y ser conscientes con cada respiración de lo que realmente somos, de integrar en cada célula de nuestro cuerpo la información que llevamos dentro de nosotros.

A medida que adquirimos consciencia, se nos descodifica información en la cual resonamos. En cada pequeño paso de nuestro largo camino alimentamos la "matriz divina" y de la misma forma nos nutrimos de ella.

Por este motivo son tan importantes nuestros pasos en este camino, porque cada información asimilada, cada respiración siendo conscientes, cada pequeño descubrimiento en nuestro "YO SUPERIOR", embellecemos al universo, lo honramos, lo nutrimos y lo que es más importante de todo, con cada paso siendo conscientes de quienes somos, nos unimos más a esa gran familia que formamos todos en el ser UNO con el universo.

*TODOS EN UNIÓN FORMAMOS LA GRAN*
*FAMILIA DEL UNIVERSO.*

# QUÉ SOMOS

Mis amados lectores...
Deseo, desde lo más profundo de mi esencia y con todo el amor de mí Ser, que entendáis como yo, lo que de verdad sois.
Sois seres de luz que estáis en la tierra cumpliendo vuestros contratos, seres maravillosos llenos de compasión, amor infinito, sabiduría cósmica, que lleváis dentro de cada uno la esencia sagrada, sois portadores de los secretos y la conciencia del universo.
Por todo ello, se os honra, se os ama y tenéis a todo el universo a vuestro lado.
En cada pensamiento, en cada palabra, en cada acto, sois seres infinitos llenos de amor incondicional y es por eso que habéis escogido, una vez más, venir a la tierra a sumergiros en la mayor densidad y transformarla en entendimiento y luz.

POR TODO ELLO EL UNIVERSO OS HONRA Y OS AMA,
estas palabras son dadas ahora con toda claridad, esto sois y así es.

Quisiera que de verdad resuenen estas palabras dentro de vuestro interior, para así poder tomar las riendas de vuestra existencia.

Lo primero de todo, es saber con toda conciencia qué sois en verdad.

A lo largo de siglos nos han dicho que no somos dignos, ni merecedores, que hay que sacrificarse para ganarnos algo, que estamos sucios y que con nuestro sufrimiento y sacrificio podríamos purificarnos, que nada se logra sin trabajo y esfuerzo, el que algo quiere algo le cuesta, que nadie nos regala nada. Y podría seguir así durante muchas líneas más.

Amados amigos, no hay nada que se aleje más de la realidad. Entonces preguntaréis, ¿por qué sentimos que sí, son verdad todas esas palabras?

Porque en las dimensiones más densas hemos tenido que sumergirnos en ellas, vestirnos con sus colores para poder descubrirlas, entenderlas, integrarlas y transformarlas en luz.

En ese camino, muchos de nosotros hemos hecho tan bien nuestro trabajo que de tanto meternos en el barro, hemos creído ser barro y seguro que nos ha sido útil, de hecho no existe nada estéril en ninguna parte de la creación.

Pero en estos momentos en los que respiramos, llegó la hora de coger nuestro legado, lo que realmente somos, ser conscientes, creadores de nuestra realidad y entender cuál es nuestro potencial.

Ahora se ha descodificado todo nuestro potencial, ahora podemos ser conscientes de lo que somos y saber hacia dónde vamos.

Nuestro entendimiento nos da las claves para abrir cada código en nuestro interior y nuestra consciencia la sabiduría para aplicarlo en nuestra realidad.

Ahora podemos caminar envueltos en nuestros colores cósmicos, y ser plenamente cocreadores de nuestra realidad. Aportar conscientemente luz a la tierra, sabiduría a la matriz divina y expandir

nuestro BING BANG[1] hasta dimensiones no creadas, porque nosotros con nuestro crecimiento como seres que formamos parte del TODO y somos el TODO, descubrimos con cada sentimiento que integramos conscientemente con cada emoción comprendida, con cada lágrima derramada, o con cada alegría vivida, que toda esa experiencia se integra a una matriz divina, nutre y ayuda a evolucionar a todos los seres de nuestro universo.
Entonces piensa por un segundo...
Si realmente somos capaces de hacer esto inconscientemente, ¿qué no podríamos lograr si lo hacemos de forma consciente?
Si integramos en la matriz divina todo lo que podemos evolucionar y lo transformamos en luz.
Si realmente somos capaces de salir del barro y saber que no somos barro. Si podemos transformar el barro en conocimiento e integrarlo en la consciencia del universo, entonces si fuéramos todos capaces de saber que somos parte del TODO y el TODO está en nosotros, no habría nada que no pudiéramos hacer y nada que no se transformara en conocimiento y luz.
Durante mucho tiempo hemos mirado al cielo y hemos pedido ayuda, amparo, consuelo, amor, fe o felicidad. Hemos pensado que lo que necesitábamos estaba siempre fuera de nosotros, pero ahora llegó el momento de entender que todo lo que ahora y en adelante vamos a necesitar, está dentro de nosotros.
Lo que nos llega de fuera, es simplemente información que nos ayudará a colocar las piezas del puzle que están dentro de nosotros mismos.

---

1 El Bing Bang interior se produce cada vez que nuestra consciencia alcanza nuevos niveles de comprensión y se expande.

Para entender bien QUIENES SOMOS, lo primero de todo es comprender bien quién es mi YO INDIVIDUAL y quién es mi YO SUPERIOR.

Cada uno de nosotros somos un YO INDIVIDUAL que vive experiencias desde que nace hasta que muere. Ese YO INDIVIDUAL es una pequeña parte de lo que realmente somos, el YO SUPERIOR.

El YO INDIVIDUAL vive experiencias en la materia densa, (nuestra vida humana) las analiza, procesa, evoluciona, las trasciende y las une a la consciencia de nuestro YO SUPERIOR.

Imaginaros por un momento que somos actores de teatro de profesión y en nuestra carrera profesional vamos interpretando diferentes papeles en distintas obras de teatro. Una vez interpretamos a un ladrón, otra a una bailarina, también a un asesino o a un alpinista. Cada papel que representamos lo vivimos de una forma diferente, en un personaje sufrimos un desamor, en otro una enfermedad, en otro somos muy felices y en todos ellos experimentamos de formas distintas. Con cada papel que interpretamos distinto en las obras de teatro integramos nueva información y cuantos más papeles representamos mejores actores seremos.

Entonces, pensad que el actor de teatro es el YO SUPERIOR y los papeles que representa en cada obra es el YO INDIVIDUAL.

Seria inimaginable que el actor se creyera tanto el papel que interpreta, que se olvidara por completo que él es sólo un actor interpretando en una obra de teatro.

Eso no quiere decir que el actor no se enriquezca y crezca con cada obra de teatro en la que trabaja, que no se nutra y aprenda de la relación que tiene con los demás actores; pero nunca olvidará que solo es un actor representando un papel. Si somos capaces de extrapolar este ejemplo, el ser humano, el YO INDIVIDUAL vive representando un papel.

## LA RESPIRACIÓN DEL UNIVERSO

Cada vez que nos reencarnamos y pasamos por miles de experiencias que nos ayudan a integrar la información que recibimos y a transformarla con cada vivencia, nuestro "YO SUPERIOR" que es el actor, es el que realmente la integra y al transformarla en consciencia, la convierte en luz.

Partiendo de esta idea, es muy útil saber que nosotros elegimos, cada vez que nos reencarnamos en la tierra, quiénes van a ser nuestros padres y hermanos, cuántos hijos tendremos, las personas con las que nos relacionaremos, el día de nuestra muerte y por qué vivencias pasaremos.

Entonces os preguntaréis: ¿qué sentido tiene la vida si todo está preestablecido y marcado?

Si bien es cierto que nuestro YO SUPERIOR decide que otros actores van a colaborar en nuestra obra de teatro y qué papel va a tener cada uno, la forma en que nos relacionaremos con los demás actores, cómo decidiremos interpretar nuestro propio papel, qué vivencias y experiencias sacaremos, qué aprenderemos de dichas relaciones, será solo decisión del YO INDIVIDUAL.

También sería fácil pensar que si nuestro YO SUPERIOR decide quiénes seremos y por lo que pasaremos, entonces todos vendríamos a la Tierra y seríamos ricos, famosos, poderosos, bellísimos y no tendríamos problemas de ningún tipo. Todo esto lo pensaríamos desde la perspectiva del YO INDIVIDUAL y es el YO SUPERIOR quien toma esas decisiones y lo hace en función de lo que tengamos que venir a aprender, experimentar e integrar y dicha decisión nace desde la esencia, desde lo que realmente somos y en completa armonía con la consciencia del universo.

Por supuesto que podemos venir a la Tierra y ser ricos, famosos y bellísimos. También hay aprendizajes y experiencias que integrar en cualquiera de las cosas que vivimos y experimentamos. En el universo no existe "lo bueno" y "lo malo" o los "niveles", no al menos en la forma que se entiende de manera generalizada, niveles "más elevados" y "menos elevados".

En el universo todo es movimiento, y el movimiento lleva implícito el aprendizaje y el auto-descubrimiento de lo que somos en el TODO y lo que el TODO es en cada uno de nosotros.

Me gustaría explicar este tema de forma más extensa. Como os comenté al principio del libro, nosotros somos parte de una misma consciencia cósmica y en el proceso de conocerse a sí misma, esa consciencia se expande en millones de millones de partes (el Big Bang). Cada parte recorre su propio camino conociéndose a sí misma y aportando a la consciencia colectiva del universo sus propias experiencias y convirtiéndolas en luz. Al integrarse en la matriz divina, hace que esa conciencia cósmica sea cada vez más grande y más consciente de lo que es en su totalidad. Cada uno de nosotros, y cada uno de una forma, vamos uniendo a la totalidad cada vivencia, cada conocimiento, cada aprendizaje. Integrándolos todos y al trascenderlos, los elevamos a la luz y vuelven a la fuente en forma de conocimiento cósmico universal.

Si sois capaces de ver todo en su conjunto, todos somos piezas de un mismo puzle. Cada pieza hace su recorrido y una vez completado su aprendizaje, vuelve a unirse al puzle siendo de nuevo parte del TODO. De esta forma se entiende la necesidad de nuestra búsqueda, que en mayor o menor medida, todos sentimos dentro. Algunos seres lo hacen a través de la cultura, el arte, la política, la ciencia o la meditación.

Todos los seres humanos sienten en su interior esa necesidad de volver a ser parte de lo que fuimos, de querer "volver a casa". Dicha necesidad es la que nos hace explorarnos a nosotros mismos a través del amor, la compasión, el odio, el temor, o la curiosidad.

## LA RESPIRACIÓN DEL UNIVERSO

Por eso, os digo que lo único que necesitamos en nuestro largo viaje es a nosotros mismos, porque nosotros somos el TODO, el UNO, el PRINCIPIO y el FIN, no hay nada que nos haga falta que no esté en nuestro INTERIOR.

A menudo pensamos y sentimos que la felicidad está fuera, que la encontraremos a través de algo o de alguien. Muy a menudo, y sin ser conscientes de ello, buscamos el amor, la comprensión, la valoración, la tolerancia en otras personas; pensamos que si alguien nos quiere o nos tiene en alta estima, cree en nosotros, nos mima o nos aporta paz, entonces sentimos que somos valorados, importantes, amados. ¿Pero qué ocurre si estas personas que nos hacen sentir así, se marchan o cambian la forma de darnos lo que nos aportaban?

Nos volvemos a quedar vacíos, solos o desvalorizados, con falta de amor y tendemos a volver a buscar esos sentimientos en otras personas. Entonces, por unos motivos u otros, estas escenas se vuelven a repetir, no comprendemos por qué no logramos ser felices, al menos no en un estado de continuidad.

Así que nos preguntamos una y otra vez ¿por qué?

La respuesta es tan sencilla como rotunda: la felicidad no está fuera de nosotros, no nos la dan las personas que conocemos o las cosas que conseguimos, al menos no la felicidad de una forma estable y constante, porque esa felicidad plena solo nos la podemos dar nosotros mismos.

Entonces me preguntaréis: ¿cómo se consigue?

Yo os diré que es tan sencillo como respirar, ir tomando consciencia de lo que somos en realidad, llenarnos de nosotros mismos. Se trata de darnos amor en cada respiración, ternura cuando nos sintamos tristes, comprensión cuando sintamos que nuestras vivencias no salen como esperábamos, respetarnos en lo que de verdad creemos y no traicionarnos a nosotros mismos bajo ninguna circunstancia, darnos el lugar que merecemos, reconocer con los ojos del alma a nuestro YO SUPERIOR y saber que está a nuestro lado, en cada respiración.

Ser compasivos al juzgar nuestros actos puesto que "somos" lo mejor de nosotros mismos en cada momento, amarnos en nuestros defectos y sobre todo valorar nuestras virtudes, porque siempre tendemos a dar mucha importancia a lo que creemos que "no hacemos bien" y damos poca o ninguna importancia a lo que de forma natural "hacemos bien".

Ser justos en nuestras valoraciones, tened en cuenta que el camino se crea a cada paso que damos, si lo hacemos con amor y respeto, jamás va a ser un paso errado.

Mónica Martos

## Homenaje a la misión del SER

Mis amados humanos, si os pudierais ver como yo os veo...
Sois un regalo único, habéis elegido desde vuestra esencia sagrada venir a este mundo a transformar la densidad en luz.
Venís velados para redescubrir en cada paso que dais, quiénes sois y en cada respiración nutrís al universo y lo honráis.
En cada sentimiento de amor, dolor, odio, ternura, comprensión, cólera, ira, impotencia o compasión, hacéis crecer a todo el universo, descubriendo a través de la materia que "Sois" y hacia donde "Vais".
Habéis aceptado, siendo seres de luz, encarnaros en una materia densa (en un cuerpo humano) y asumisteis las limitaciones de la carne y las benditas cadenas que son las emociones humanas, porque a través de esas emociones habéis creado universos que no existían y llegado a lugares que jamás se creyó pudieran existir.
Además de todo esto, lo más bello en este acto de amor infinito e incondicional, es que no sois conscientes de ello y así "lo elegisteis".
Si pudierais ver lo que yo veo y saber lo que yo sé, cada ser humano que está en esta tierra es honrado y amado sin límite por cualquier SER que existe en el universo.
Jamás os sintáis solos, no dudéis ni por un instante que os acompañan seres espirituales (nuestros hermanos mayores), que están a vuestro lado en cada segundo de vuestra existencia, en cada respiración...
Creedme de verdad si os digo que para ellos sois el tesoro más valioso. Os honran y aman incondicionalmente.

*SOIS UNA VALIOSA PARTE*
*DE LA RESPIRACIÓN DEL UNIVERSO.*

## LA RESPIRACIÓN DEL UNIVERSO

Ahora ha llegado el momento, y así lo decidisteis, de saber toda la verdad, de tomar en vuestras manos conscientemente todo el poder del que sois merecedores, de usarlo y co-crear conscientemente vuestra realidad cuántica[2].

---

2  Se explicará en el capítulo de "cómo entender nuestro mundo cuántico".

Quizás os estaréis preguntando, si todo esto que os digo es válido para todos los seres humanos.

Yo os diré con la mayor certeza cósmica que sí, cada alma que viene a este mundo es un ser de luz que pertenece al todo y el todo es parte de él.

En este mundo tal cual lo conocemos ahora y según nuestro "juicio" existen seres humanos: malvados, crueles, amorosos, sabios, manipuladores, egoístas, etc.

Quizás sentimos que no todos pueden ser seres espirituales de luz y amor. Esto es algo que no puede existir y antes de emitir un juicio habría que tener en consideración como el actor, nuestro YO SUPERIOR escoge su papel dentro de la obra de teatro.

En dicha obra de teatro tiene que haber personajes que interpretan papeles de personas: malvadas y bondadosas, maltratadores y maltratados, valientes y cobardes, generosos y codiciosos, dominantes y dominados, etc.

Para que la obra de teatro tenga su sentido, cada actor representará lo mejor posible a su personaje sin importar que un actor sea el malvado y el otro el bondadoso, gracias a que interactúan todos juntos por un mismo guion, podemos ver la obra de teatro en su conjunto.

Cuando cae el telón, no existe juicio sobre quién representó cada papel, cada actor puso su amor por el papel que interpretó y gracias a ello la obra de teatro tuvo éxito.

De esta forma escogemos nosotros los papeles que representaremos en esta gran obra de "teatro", que es cada una de nuestras vidas.

Cada uno de nosotros actúa de acuerdo con un guion acordado por nuestros grupos de Familias Universales[3] y representa un papel determinado.

---

3 Las Familias Universales son aquellas con las que planificamos e interactuamos a lo largo de todas las misiones del SER.

Si analizamos nuestras vidas, nos daremos cuenta que somos lo que somos y hemos llegado donde estamos, gracias a las cosas "buenas" y "malas" que nos han ocurrido.

Es necesario que entendamos que cada persona con la que nos relacionamos nos ayuda a reflejar en ella las cosas que llevamos dentro y que tenemos que evolucionar e integrar.

Por eso es muy importante que seamos conscientes de las relaciones que tenemos con las personas con las que interactuamos y a las que amamos, porque son en "ellas" en las que más reflejamos las cosas que debemos evolucionar.

Nos hacen de bellísimos "espejos" en los que nos podemos reflejar, ver lo que está dentro de nosotros y que por nosotros mismos no somos capaces.

Soy consciente de que al principio es difícil entender este concepto y pensar que lo que más nos molesta de nuestra pareja, lo que nos irrita de nuestros hijos o lo que odiamos en el comportamiento de otras personas, es en realidad sentimientos que están en nosotros. Esas personas nos brindan la oportunidad de verlos (aunque las otras personas no sean conscientes de ello). Lo primero que precisamos para entender algo y cambiarlo es saber que existe y tomar conciencia.

Nosotros creamos desde nuestro YO SUPERIOR las experiencias por las que vamos a pasar, si necesitamos adquirir auto-estima, atraeremos a nuestra vida a personas que de formas diferentes no nos valoren, respeten, o amen. En nosotros estará la decisión de pensar que tenemos mala suerte, que una u otra persona no nos respeta, nos hace daño, o no nos ama, pero en realidad la hemos atraído a nuestra vida justamente para enseñarnos que somos nosotros mismos los que nos tenemos que valorar, querer y respetar. Mientras no tomemos consciencia de esta información, se repetirá en nuestras vidas. Quizás cambien los actores con los que interactuamos, pero los actos se repetirán una y otra vez, hasta que dicha información se asimile y se integre.

Es necesario pensar que para que una persona pueda ver el reflejo de su "espejo", necesita siempre otro ser humano que haga de dicho espejo, (necesita reflejarse para verse).

Si sois capaces de mirarlo así, veréis qué maravilloso es el proceso y cuánto amor cósmico incondicional, que sin ser conscientes dentro del "teatro" pero si desde nuestro YO SUPERIOR, todos interactuamos con los demás en su crecimiento espiritual, y aunque penséis que una persona trata mal a otra, que la traiciona y que es un ser humano deleznable, si sabéis mirar con consciencia cósmica veréis cuanto amor incondicional posee la persona que ha traicionado, porque a pesar que su YO SUPERIOR sabe que él, como traidor, también sufrirá por sus actos, aun así, cumple su papel para que la otra persona pueda crecer en esa información.

Entonces pensad, cuánto amor hay en cada ser que se reencarna en este planeta. Cada uno de nosotros hacemos y nos hacen de "bellísimos espejos" para poder reflejar lo que tenemos que comprender e integrar.

Amados lectores, si sois capaces de romper las viejas cadenas que nos dicen que siempre es culpa de algo o de alguien las cosas que nos suceden en nuestra vida. Si somos capaces de ver más allá y entender que cada cosa que ocurre en nuestra vida, por pequeña que sea, es un regalo que el universo nos da para poder reflejarnos y tener la oportunidad de integrarlo, convertir este sentimiento denso en entendimiento y comprensión cósmica.

Recordad que nada es lo que parece, que todo cambia según con el color del cristal con que se mire.

## LA RESPIRACIÓN DEL UNIVERSO

A lo largo de mi vida hay algo que he aprendido a "fuego" y es que 'EL DOLOR ES INFORMACIÓN'.

Quizás preguntéis ¿qué significa esta frase?

Yo pasé mucho tiempo intentando deducir su significado, pero una vez que lo entendí, pude comprender que era un gran regalo cósmico.

Empecemos por asimilar que cada dolor que sentimos, tanto dolor emocional como físico, es la única forma que tiene el universo de avisarnos que algo no va bien.

Cuando existe algún motivo que nos daña a nivel emocional y daña nuestra parte energética, esto se refleja tarde o temprano en nuestro cuerpo físico, se manifiesta en forma de dolor y o de enfermedad. De esta forma nuestro cuerpo nos trasmite a través del dolor qué daño energético y emocional hemos sufrido. Teniendo la información adecuada de qué parte de nuestro cuerpo nos duele, sabremos qué parte emocional y energética está dañada.

Esta información nos lleva a la pregunta; ¿cómo podemos saber a través de un dolor que se genera en nuestro cuerpo qué nos ha dañado emocionalmente?

No hay ningún problema que se cree que no tenga su solución.

La "BioNeuroEmoción" se basa en un estudio que analiza en función de los daños o traumas que nos afectan a nivel emocional y energético, nos indica qué parte de nuestro cuerpo se enferma o nos duele (consultar el estudio de Enric Corbera).

Si comprendemos que a través de las enfermedades y dolores que padece nuestro cuerpo, el universo nos da información sobre qué daño emocional estamos sufriendo, si usamos esa información y la sabemos transformar en conocimiento e integrarla, nuestro dolor o enfermedad relacionada con este daño emocional y energético se sanará por completo.

Pensad en un ejemplo muy sencillo, ¿cómo nos avisa nuestro cuerpo si arrimamos un dedo a una llama?
A través del dolor que sentimos nos damos cuenta que nos estamos quemando y retiramos inmediatamente el dedo de la llama.
De esta forma el cuerpo evita una quemadura mayor gracias al dolor que siente. Así podemos entender mejor que ese dolor, nos está aportando una información. Si lo aplicamos a cualquier dolor o enfermedad que tenga nuestro cuerpo, comprenderemos que tenemos una valiosa información que nos permite sanarnos y también nos ayudará a crecer emocionalmente. Entonces podremos integrar esa información a través del entendimiento y no solo nutrirá la matriz divina, sino que también convertiremos esa información densa en luz.
Si sois capaces de ver esta nueva perspectiva, os daréis cuenta de cuánto amor hay en cada proceso, que nada sucede por mala suerte o porque alguien o algo nos dañe en nuestra vida, es solo información que llega a nosotros para nuestro crecimiento y evolución.
Por un momento permitámonos ir más allá, si partimos de la base de que nada de lo que sucede en nuestra vida es aleatorio, que todo fluye y existe en nuestra realidad cuántica, cada pequeño detalle, cada persona que conocemos en nuestra vida, en cada acontecimiento por el que pasamos sea "positivo" o "negativo", todo está en su lugar y sucede con consciencia cósmica, no existe nada erróneo, no hay nada dejado al azar, nada es casual sino "causal". Si sabemos que todo esto sucede porque desde nuestra consciencia cósmica así lo decidimos, solo nos queda una pregunta por hacernos:
¿PARA QUE? , fijaros bien que no he dicho ¿por qué?
Siempre que sucede algo en nuestra vida, inevitablemente nos preguntamos ¿por qué? Daros cuenta que esta pregunta nos lleva a

buscar siempre las respuestas fuera de nosotros, ¿por qué mi pareja me engaña?, ¿por qué no tengo éxito en mi trabajo?, o tal vez ¿por qué no tengo suerte en mi vida? si seguimos preguntando ¿por qué?, nunca la respuesta nos llevara a la verdad. Pero si somos capaces de cambiar el ¿por qué? por el ¿para qué? todo cambia radicalmente.
Si yo me pregunto ¿para qué mi pareja me engaño? o ¿para qué me sirve no tener éxito en mi trabajo?
Inevitablemente esta pregunta nos lleva a buscar las respuestas dentro de nosotros mismos. Dejaremos de buscar causas o personas culpables fuera de nosotros y empezaremos a pensar, ¿qué tengo que aprender con esta situación? Que yo mismo en consciencia absoluta con mi YO SUPERIOR me he puesto delante, para aprender ¿qué?, para integrar ¿qué?, para transcender ¿qué?
En definitiva todo lo que nos sucede en nuestra vida, es solo información que nos damos a nosotros mismos para aprender y evolucionar en ella. Depende solo de nosotros mismos como queremos integrar dicha información, a través de analizarla y asimilarla o a través del dolor que nos ocasiona esa información repitiéndose una y otra vez, hasta que es conscientemente integrada.
Como os dije al comenzar el libro, todo depende de nosotros mismos, no hay nada ni existe nada que buscar fuera, todas las respuestas y todo lo que necesitamos está en nuestro interior.
Ahora con nuestra nueva visión podremos ver y reconocer cuanto amor incondicional existe en cada ser humano, que viene a este mundo para cumplir los contratos cósmicos que han acordado con sus familias cósmicas antes de nacer y así hacernos de bellísimos espejos los unos a los otros para ayudarnos en nuestro crecimiento personal, contribuyendo entre todos de una forma maravillosa a nutrir la matriz divina y a devolver a la luz, la densidad. No olvides nunca mi amado ser humano, que todo lo creado y lo que existe en el TODO,

forma parte de una gran orquesta cósmica, cada instrumento aporta su tonalidad y entre todos formamos esa gran composición armónica de amor incondicional, todos pertenecemos y contribuimos en la: *RESPIRACIÓN UNIVERSAL* que es la madre creadora del TODO.

# SÍNTESIS

- Somos seres de luz llenos de amor incondicional.
- No existe nada que ocurra que no tenga su propósito.
- Todos pertenecemos a una consciencia universal.
- Toma consciencia de quién eres en realidad.
- Llego el momento de coger nuestro legado y ser creadores de nuestra realidad conscientemente.
- Somos todos partes de un mismo puzle cósmico.
- Nosotros somos el YO INDIVIDUAL y el YO SUPERIOR.
- En este momento somos "actores" representando una obra de "teatro".
- Nosotros y solo nosotros decidimos que papel representaremos en la obra de "teatro".
- El actor es el YO SUPERIOR.
- El papel que representa, es el YO INDIVIDUAL.
- Nosotros decidimos en cada reencarnación quiénes somos, con quién nos relacionaremos y de qué forma.
- No existen equivocaciones o errores, todo es información en proceso de integración.
- El ser humano transforma la densidad en luz.
- Todos los seres de la creación alimentan y se nutren de la matriz divina.
- Nosotros somos parte del TODO y el TODO está en nosotros.
- No existe lo "bueno" y lo "malo".
- Todo lo que necesitamos está en nuestro interior.

- Todos los seres humanos hacen de bellísimos "espejos" para otros seres humanos.
- El DOLOR es INFORMACIÓN.
- La pregunta nunca es ¿por qué? sino ¿para qué?
- Sois creadores de universos.
- No estáis solos JAMÁS.
- Todo lo creado respira al unísono en un latir cósmico.
- Sois parte de *LA RESPIRACIÓN DEL UNIVERSO*.

Autor: Mario Duguay

## HACIA DÓNDE VAMOS

En estos momentos en los que nos encontramos existe una gran confusión y sobreinformación de todo lo que está ocurriendo en el mundo.
Dependiendo de con quien hables o que información leas o escuches, te pueden decir que vamos hacia una nueva era de sabiduría y entendimiento o que inevitablemente nos dirigimos hacia la destrucción más absoluta.
Estamos acostumbrados a lo largo de nuestra historia a seguir a un "mesías" ya sea un líder político o espiritual, alguien que nos diga que debemos pensar, como tenemos que actuar y qué camino seguir.
Durante muchos siglos esto le ha servido a la humanidad, obteniendo resultados muy variados y siempre nos ayudó para avanzar en nuestro aprendizaje.
En el momento en el que nos encontramos actualmente todos estos patrones han dejado de tener sentido, en esta nueva realidad nada funciona, no se obtienen los resultados esperados si seguimos anclados en las viejas estructuras.
Vemos cada vez con más claridad las crisis políticas, religiosas, de valores tradicionales, todo se desmorona a nuestro alrededor y parece que nada tiene sentido...
Tenéis que ser capaces de ver lo que está ocurriendo con una mirada nueva, como si fuerais un recién nacido que mira la vida por primera vez, de ahora en adelante os voy a pedir que seáis bebes a nivel estructural, que no deis nada por sentado y que estéis abiertos a descubrir el mundo, hacia donde vamos, con la mirada del corazón, del entendimiento, sin prejuicios ni convencionalismos, os invito a

que juntos emprendamos un nuevo viaje sin vestiduras ni maletas, solo vosotros y yo… que nuestro compañero de viaje sea el entendimiento, el amor, la compasión y la conciencia universal.

A partir de ahora quiero que busquéis las respuestas solo dentro de vosotros, no hay nada que no sepáis, ni nada que no tengáis, no existe ningún sitio donde no podáis llegar ni hay información que no podáis integrar.

En esta dimensión mis amados compañeros de viaje, todo está al alcance de vuestra mano, no hay nada que deseéis que no podáis tener, solo necesitáis daros el permiso y el reconocimiento a vosotros mismos y tomar conciencia de lo que realmente sois.

Recordad siempre que en este viaje nunca estaréis solos, toda la fuerza del universo, el amor incondicional del que sois merecedores está a vuestro lado, en cada respiración.

Empezare por explicar con mayor detalle cómo es la dimensión en la que nos encontramos. Para ello permitidme que lo haga a través de un ejemplo:

Cambiar de dimensión es como si cogierais un barco y os dirigierais a una nueva tierra, un lugar donde nunca habéis estado antes ni habéis oído hablar de él, cuando desembarcáis y ponéis el pie en esta nueva tierra (la nueva dimensión), actuáis y os comportáis de la misma manera en la que lo hacíais donde vivíais hasta ahora, pero en esta nueva dimensión las "realidades" son diferentes, aquí todo es más sutil, no está estructurado, en cada paso que dais descubrís el camino, no existen senderos marcados y objetivos por cumplir, aquí todo y nada puede ser, solo el poder de vuestra mente y vuestra consciencia son las que marcan los limites.

Las formas de actuar que nos servían en la otra realidad (dimensión antigua) aquí carecen de sentido, nada se gana a través del esfuerzo o del sacrificio, sino a través del crecimiento interior, el amor incondicional que "regalamos" a los demás seres humanos, fijaros que he puesto "regalar" porque en esta dimensión todo lo que se regala a los demás se hace desde lo más profundo del ser, no se espera nada a cambio (al igual que cuando se regala algo a otra persona, no se espera recibir otro regalo a cambio).

Desde esta dimensión somos como nuestro amado hermano el Sol, que da su luz y calor incondicionalmente sin importar a quien le llega, sin juzgar si son merecedores o no. ¿Habéis pensado alguna vez si cuando quisiéramos oler la fragancia de una flor, nos dejara disfrutar de su perfume según pensara si somos merecedores o no? ¿Verdad que eso suena ridículo?

La flor al igual que el Sol y junto a todos los demás seres, nos regalan la esencia de lo que son sin juzgarnos, sin pensar si les devolveremos algo a cambio o si saldrán beneficiados de este acto.

Si os fijáis bien veréis que en este planeta existen millones de ejemplos como el que os he citado, tanto en el reino animal, vegetal y mineral, por no nombrar a los miles de seres que nos ayudan de mil maneras diferentes para que sigamos adelante en nuestro camino, tanto desde fuera de nuestro planeta como en lo más profundo de él, así como estando entre nosotros de forma imperceptible.

*GRACIAS DESDE LO MAS PROFUNDO DE MI SER AMADOS HERMANOS, POR AYUDARNOS DE FORMA INCONDICIONAL Y AMARNOS SIN MEDIDA ALGUNA*

De igual forma mis amados lectores os pido que desde esta nueva dimensión en la que nos encontramos, améis de forma incondicional todo lo que os rodea, que sintáis el respeto y la honra de estar en este bellísimo proceso y no penséis a quien o a que cosa dais vuestro amor, comprensión, sabiduría o compasión.

Todo lo que os rodea, por difícil de entender que os parezca en ocasiones, es merecedor de estar aquí y ahora. Recordad por encima de todo el respeto y el amor que merece el proceso.

En esta nueva dimensión todo lo que deis os será devuelto de forma ilimitada.

Sé que muchos de vosotros os sentís raros, como si donde antes siempre estuvierais cómodos ahora ya no encajáis, que las amistades de siempre parecen ahora lejanas, las cosas que antes os funcionaban ahora han perdido fuerza, sentís como si os hubieran quitado el suelo bajo vuestros pies, que las creencias y pilares con las que os educaron o en las que creíais están sin fuerza, como huecas.

Así está sucediendo, pero esto no es un castigo divino ni una fatalidad, este cambio es el resultado del esfuerzo de millones de almas, (humanas y no humanas) que han contribuido desde lo más profundo de su Ser y con amor incondicional a elevar el nivel vibracional de la tierra, con esto se ha conseguido que muchos de nosotros estemos ahora en este preciso momento.

Os aseguro y os lo digo desde lo más profundo de mi Ser, que somos privilegiados por formar parte de este momento y poder contribuir al cambio tan profundo que se está gestando en todo el universo.

Si realmente vibráis con estas palabras y os sentís parte de este movimiento cósmico, no esperéis más a tomar decisiones, el mañana no existe, no os auto engañéis diciendo que no podéis, porque yo os digo: QUE SI PODÉIS, sólo tenéis que querer.

No esperéis a mañana ni a dentro de unas horas, ni tan siquiera a dentro de un segundo, es la hora de coger vuestras armaduras cósmicas[4] y uniros a la marea de seres que conscientemente ya están dando todo de sí mismos, porque saben y sienten que para esto es para lo que han venido una vez más a nuestra amada "TIERRA".

Recordad que sois todos partes de MÍ y YO resido en todos VOSOTROS. Formamos entre todos y junto al cosmos;
*LA RESPIRACIÓN DEL UNIVERSO.*

---

4  Armadura cósmica es el "DON" con el que nacemos, (se explicará en la página 39).

Sois lo que más amo...

Todos juntos cumpliremos nuestros contratos cósmicos y elevaremos la densidad para que retorne a la Fuente Sagrada y volvamos a ser el UNO.

Quizás os estéis preguntando como puedes encajar todo lo que lees con tu vida diaria (trabajo, familia, hijos...)

Puede que sientas que es imposible, o que no puedes cambiar prácticamente nada de forma individual, pero te aseguro que nada está más lejos de la realidad.

Recuerda que no necesitas nada que este fuera, todas las herramientas y la fuerza para usarlas están dentro de ti. No te desesperes buscando respuestas inmediatas, te propongo que empieces por mirar en tu interior:

- Pasa más tiempo contigo mismo y un poco menos con los demás.
- Dedica más tiempo a escucharte, a sentir a tu YO SUPERIOR que lleva mucho tiempo esperando a ser oído conscientemente.
- No existe una fórmula secreta que consiga que entiendas todo de golpe (no sería adecuado).
- Ten amor, paciencia y compasión infinita hacia ti mismo.
- Cuídate, mímate, amate, dedica tiempo para estar con tu YO INDIVIDUAL (os prometo que es el mayor regalo que te puedes hacer).
- No desesperes cuando no entiendas algo, lee libros, mira documentales y películas con las que "resuenes", en ellas iras encontrando respuestas.
- Párate a mirar a tu alrededor, intenta apreciar los pequeños detalles; los primeros rayos del sol, sentir el aire fresco en la

cara, admirar los colores de una flor, el sonido del anochecer, el canto de un grillo... cierra los ojos y concéntrate en tu respiración, que te nutre cada segundo de tu vida, en esa respiración estamos todos a tu lado, cuando llegues a sentirnos en ti, en tu respiración....nada será igual.

— Ofrece tu respeto y tu honra halla donde vayas, recuerda que todo es parte del proceso y que todo por lo que has pasado te ha traído aquí, a este momento y eso merece honrra.

— Aprende a preguntarte a ti mismo, que te gusta, con que disfrutas, con qué cosas sientes paz, regálatelas y regálaselas a los demás.

— Cambia las cosas que no te gustan, siéntete merecedor de disfrutar de paz y armonía en tu vida.

Todas estas cosas que te digo son simples, no requieren grandes cambios, cuando vayas integrando estos cambios será la hora de hacerte las preguntas más importantes de tu vida:
¿Para qué he venido "yo" a este mundo?
¿Qué es lo que me gustaría hacer por encima de todo lo demás?
¿Cuál es mi DON?
Quizás te preguntes qué es esto del DON.
El DON es el mayor regalo que traemos al nacer, nos sirve para ayudarnos a nosotros mismos y a otras personas. La pregunta que debemos hacernos para saber cuál es nuestro DON es sencilla, ¿a que te dedicarías si no tuvieras que pensar en el factor económico?
¿Qué es lo que más te gusta hacer?
¿Qué es esa cosa que haces mejor que ninguna otra?, que te hace sentir especial, que sabes hacer con los ojos cerrados, que no ne-

cesitas haberlo estudiado previamente para que se te dé muy bien, que te gustaría hacerla a cualquier hora del día o de la noche, que te hace vibrar y que sientes desde lo más profundo de tu ser que te hace feliz.

Puedes pensar que no lo sabes, que no tienes ni idea……

Yo te puedo asegurar que TU DON está grabado en tu impronta, solo necesitas tomarte tu tiempo, escuchar a tu corazón y tarde o temprano lo descubrirás.

Descubrir TU DON es la primera cláusula que debes cumplir de tu contrato cósmico[5]. La segunda es pensar cómo puedes poner al servicio de las demás personas, al servicio de la humanidad, ese DON.

¿Os imagináis un mundo donde cada persona realice la labor que le haga sentir felicidad y que además ayude a los demás? ¿Os imagináis que no haya que hacer un trabajo por obligación o por dinero?, donde contribuimos todos juntos con amor para lograr un mundo en el que todos nos respetamos; donde le devolvamos su lugar y su honorabilidad a la Tierra y a todos sus habitantes.

En esta nueva dimensión llego la hora de "trabajar" hacia el interior, de compartir con los demás nuestro crecimiento y entendimiento.

Ya no funciona nuestro sistema actual de hacer las cosas, es por eso que parece desmoronarse todo a nuestro alrededor y para conseguir algo diferente, primero tenemos que romper las estructuras viejas.

Permitidme que os ponga un ejemplo; imaginaros que siempre vais a visitar a un amigo que vive en una casa que con el desgaste de los años, le han empezado a salir humedades, por sus ventanas entra frio, gotean los grifos y la pintura de las paredes esta levantada. Hace mucho tiempo que esta casa ya no es confortable. Un buen día regresas a visitar a tu amigo y te encuentras que la casa no tiene

---

5 Contrato cósmico (la misión que elegiste cumplir cuando vinieras a la tierra)

ventanas, el suelo está levantado, le están cambiando las tuberías y no hay agua. Asombrado le preguntas a tu amigo ¿qué le ha pasado a la casa? Vuestro amigo os dice que la casa hace tiempo que dejo de ser confortable, que había humedades y que se pasaba frio. Tú le contestas que tenía razón en el estado en que se encontraba la casa y que no era óptimo su funcionamiento; pero que ahora estaba mucho peor y ya no era ni habitable.

Tu amigo empieza a contarte las mejoras que le está haciendo a la casa, que cambiara todas las tuberías, pondrá ventanas y suelos nuevos y pintara todo de nuevo. Cuando te cuenta todo lo que va a hacer, empiezas a darte cuenta de los cambios que está haciendo en la casa, después de las reformas la convertirá en un verdadero hogar, a pesar del estado actual.

En este proceso nos encontramos en estos momentos en nuestro hogar "el planeta Tierra", las mejoras que estamos haciendo no se pueden apreciar con claridad, todo parece estar fuera de lugar, nada funciona bien y parece seguir empeorando.

Si sois capaces de mirar más allá, veréis que todos nosotros somos los albañiles que están arreglando la casa para que se convierta en un nuevo hogar.

Toda esta trasformación la podemos conseguir si somos todos conscientes de nuestra realidad actual, si nos damos cuenta que llegó la hora de cambiar todos juntos, que somos una TOTALIDAD y lo que te dañe a ti me dañara a mí. Tus progresos me nutrirán a mí, todo lo que comprendas e integres, hará que para mí sea más fácil avanzar y evolucionar.

Imaginaros, por un momento, que todos los seres humanos compusiéramos las diferentes partes de un solo cuerpo: manos, pies, corazón, sistema nervioso, cerebro, etc.

Que el dedo más pequeño del pie sintiera que está solo, que no pertenece a un pie ni al resto del cuerpo. Se siente olvidado e insignificante, piensa que el trabajo que él desempeña no es muy valioso y que no habría gran diferencia si él dejara de existir.

Nuestro cerebro piensa diferente porque sabe la función que desempeña ese pequeño dedo, que aporta estabilidad al pie y equilibrio a todo el cuerpo, sabe que todas y cada una de las partes del cuerpo son imprescindibles, cada una en su lugar, trabajando todas juntas, es como se mantiene en perfecto estado de salud nuestro cuerpo.

Supongamos que el dedo más pequeño del pie se enfermara con un virus, todos los glóbulos blancos acudirían para combatir la infección y miles de células regeneradoras actuarían en la zona para devolver la salud al dedo y con él, todo el cuerpo recuperaría su equilibrio. Si esto no fuera así podría ocurrir que esa infección se extendiera a través del dedo pequeño, primero al pie y después al resto del cuerpo, poniendo en riesgo no solo a ese pequeño dedo sino a todo el conjunto.

De esta misma forma todos los seres humanos, en una escala "intermedia", formamos esas partes del cuerpo junto con los animales, el reino vegetal, mineral y la propia Tierra.

Todos juntos formamos "un cuerpo" llamado (GAIA)[6]. Debemos entender que si no estamos en equilibrio, lo que le pase a una persona, a un animal, a una planta o a una simple piedra, nos afecta a todos. Su sufrimiento es el nuestro, su tristeza es la nuestra y en su fragilidad nos rompemos todos.

Me gustaría citaros una frase que me ayuda a explicaros todo este significado: "El simple aleteo de una mariposa se puede sentir al otro lado del mundo" (consultar efecto mariposa en Wikipedia).

---

6  Se explicara en la página 69.

# LA RESPIRACIÓN DEL UNIVERSO

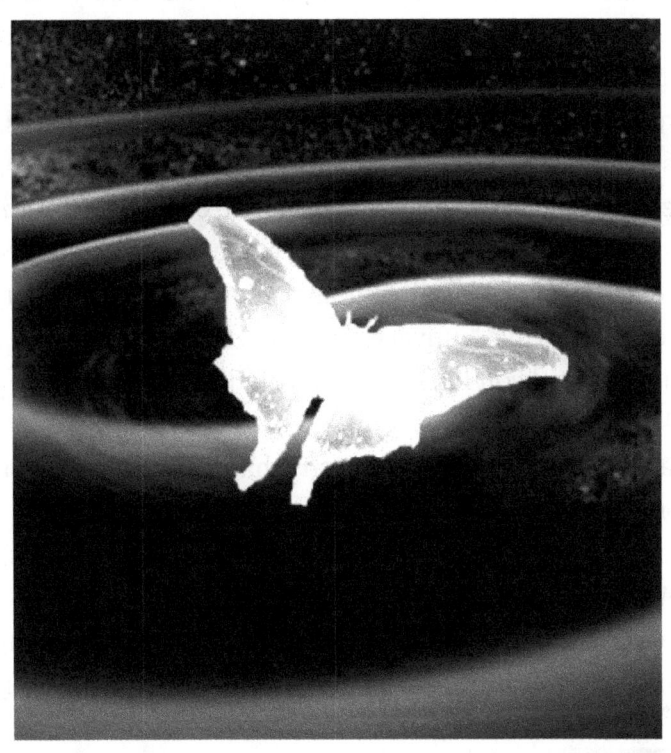

Creo que ahora será más fácil entender que estamos conectados a niveles tan profundos, que os asombraríais si fuerais conscientes en toda su magnitud.

Fijaros con atención y veréis que todo se repite en menor o mayor escala. Sabemos cómo funciona un cuerpo humano y los órganos y sistemas que tienen que compenetrarse para que todo funcione con normalidad. De esta misma forma, a una escala "intermedia", funcionamos los seres humanos, el reino animal, vegetal y mineral (el ecosistema mundial).

A una escala "mayor" es exactamente igual, como debe interrelacionarse todo a niveles planetarios, cada planeta y sus movimientos en sus sistemas solares y los diferentes sistemas solares en el universo. Luego está la escala "universal", donde todo se relaciona a nivel multidimensional con los diferentes estados de consciencia y el orden del TODO en la NADA.

Si os dais cuenta, todos estamos estrechamente interrelacionados e intercomunicados.

"El macro en el micro" y "el micro en el macro", todos juntos formamos *LA RESPIRACIÓN DEL UNIVERSO*.

Entonces creéis que alguien podría pensar ¿qué si uno de nuestros pulmones se enfermara, no afectaría en nada al resto de nuestro cuerpo?

¿Verdad que la respuesta parece evidente?

¿Por qué no es tan evidente reconocer que cada uno de vosotros sois parte de mí? que vibro, palpito, me enfermo, me emociono o evoluciono a vuestro lado "en vosotros". Sois una parte de mi tan imprescindible como lo es en estos momentos en mi cuerpo: el corazón, los pulmones, el cerebro, etc.

¿Sentís ahora por qué os AMO y os lo digo sin ningún reparo o pudor?

¿Cómo no podría amarme a mí...?
¿Cómo podría dañarme a mí misma...?
¿Cómo mentirme o traicionarme...?
¿Cómo no alegrarme cuando sienta amor...?
¿Cómo dejar de respetarme o valorarme...?
¿Cómo no sentir compasión...?
*Si YO soy TÚ y TÚ eres YO.*
¿Qué no haría para ayudaros?
¿Cómo no amaros sin condición?
Entended que así está establecido el orden de las cosas y que así es.

Cada ser que es consciente de esta realidad, se dedica con todo su ser a entregarse y poner al servicio de los demás SU DON.

Quizás ahora podáis ver con más perspectiva todo lo que está pasando, entender mejor que todo está en su sitio, solo estamos quitando estructuras de energías viejas y así dejar paso a lo nuevo (como en la reforma de la casa vieja).

Cada ser contribuye al cambio, unos rompiendo viejas estructuras y otros creando nuevas realidades. En estas nuevas realidades tenemos mucho "trabajo" por delante, "trabajo" de crecimiento personal, de mirar hacia dentro, de buscar nuestra propia compañía, llenarnos de preguntas para rebosarnos de respuestas. Llegó la hora de crecer hacia dentro y nutrirnos a nosotros mismos, al encontrar nuestra calma, lo que nos hace vibrar, lo que nos emociona, lo que nos aporta paz, en ese crecimiento nos beneficiamos todos.

Tenéis que encontrar vuestra paz interior y equilibrio, recordar siempre que si os mantenéis en equilibrio, nos aportareis equilibrio a todos los demás. Deseo con todo mi Ser que os deis cuenta, que llego un momento en nuestras vidas maravilloso, privilegiado, todo lo que hagamos para crecer en nosotros, por aportarnos paz, amor, espiritualidad…haremos crecer en la misma medida a todos los demás, debemos conocernos en profundidad para saciarnos de lo que más desee nuestro espíritu, nuestro SER.

Con todo ese trabajo no solo encontraremos paz y amor, sino que también haremos crecer en todos los demás la misma información y haremos que más seres encuentren sus caminos y sean conscientes de quiénes son en realidad fuera del "teatro".

## PAUTAS PARA LA INTEGRACIÓN EN LA NUEVA DIMENSIÓN

- Creced en experiencias y sabiduría dentro del "teatro", entregad toda esa información transcendida al YO SUPERIOR, hacedlo de forma consciente.
- Trabajad con vuestro DON y haced partícipe de dicho DON a todos los seres con los que os relacionéis.
- Sed generosos con los demás y mucho más con vosotros mismos.
- Abrid vuestros ojos y mirad más allá de lo que se ve, con los ojos del entendimiento y del reconocimiento.
- Reconoceros a vosotros mismos y allí me encontraréis a mí.
- Disfrutad sin condicionamientos de todo lo que está a vuestra disposición.
- Compartid vuestra verdad con los demás y respetad sus aprendizajes y procesos.
- Recordad siempre que todo lo que es y todo lo que está es digno de honra y cumple su papel.
- Tened curiosidad, haceros preguntas, buscad información sobre lo que necesitáis entender, dejad que vuestro YO SUPERIOR os guie.
- Estad alerta a las señales y los "espejos" que nos regalan los demás.
- Nunca despreciéis ningún punto de vista ni lo desvaloréis.
- Estad dispuestos a crecer con cada acontecimiento que os regale la vida.

- Mirad siempre "qué" podéis aprender de cada experiencia, cada vivencia adquirida es un regalo para el SER.
- Tened compasión infinita con vosotros mismos, con todos los demás y con el proceso.

*"YO ESTOY EN VOSOTROS Y VOSOTROS SOIS EL TODO".*

Autor: Mario Duguay

¿Podéis imaginaros en un mundo así?

Lleno de personas que crecen en sus experiencias y comparten lo mejor de ellas con los demás.

Si queréis pertenecer a un mundo así estáis de enhorabuena, ahora es el momento y el lugar adecuado para que toméis las riendas de vuestras vidas, de vuestro ser, que soltéis las mochilas tan pesadas que cargáis a vuestras espaldas, que entréis desnudos de prejuicios, de valores cargados de densidad, de estructuras viejas, creced en la nueva dimensión, sed la mejor versión de vosotros mismos.

No lo olvidéis en ningún momento, llevadlo presente en cada pensamiento; *TODOS VAMOS JUNTOS DE LA MANO.*

Es un gran regalo "merecido" el poder estar en esta dimensión y ser conscientes de ello.

Cuanto más miro a mí alrededor y observo mi "realidad cuántica", más me doy cuenta de cómo van cambiando los patrones en mi entorno, no dejo de oír a gente hablar de dimensiones, realidades paralelas, física cuántica, de la certeza de saber que existen "extraterrestres", de reencarnaciones, del YO SUPERIOR, de los observadores. Hoy en día esto forma parte de nuestro entorno cotidiano, se ve reflejado en programas de televisión, en documentales, en miles de libros y en las redes, podéis encontrar millones de opciones donde nos hablen de todos estos temas.

Os habéis parado a pensar que no hace tanto tiempo, si alguien hubiera hablado en estos términos, ¿le habrían quemado en la hoguera por hereje?

Ahora no se toma por loco a alguien que asegure haber visto un ovni, también es común ver que existen multitudes de procedimientos para sanar el cuerpo y la mente relacionados con la energía, la musicoterapia, kinesiología, etc.

Se amueblan las casas a través del feng shui, incluso en la ciencia hace tiempo que se está integrando que no solo existe la parte tangible que se puede demostrar de un experimento, sino que también existen muchos elementos no tangibles, que están implicados directamente en los resultados de dichos experimentos, (toda esta información cuenta con el respaldo de varios científicos de renombre). Existen varios ejemplos en el libro; La Matriz Divina (más información en la sección citas).

*"Para que algo se convierta en realidad, primero tiene que convertirse en realidad dentro de nuestra mente".*

Existe una nueva manera de enfocar la forma de trabajar y el concepto de "trabajo". Hasta hace muy poco tiempo el objetivo a alcanzar era tener una macro empresa (una multinacional), vender tu producto a cuantas más personas mejor, artículos con poca o nula identidad, nada personalizados y que se vendieran de forma global. Ahora la tendencia es especializarse en sectores más reducidos, atendiendo las necesidades más específicas de pequeños colectivos de personas, dónde se cuida más el detalle y se individualiza más los productos. Esta tendencia se extiende cada vez más entre los nuevos emprendedores, que se dedican a cubrir necesidades más específicas de sectores minoritarios en cuanto a clientela se refiere. Ahora fijaros en una escala mayor, hasta ahora nos desarrollábamos como personas siempre mirando hacia el exterior. Primero fijándonos en el ejemplo que nos daban nuestros padres, después dejando que decidieran por nosotros qué debíamos saber y qué no (la educación académica actual), más adelante, en la época adulta, cuanto más éxito tuviéramos en la sociedad más valorados éramos. Todo esto está orientado para que el ser humano creciera a través de lo que consiguiéramos hacia fuera, éramos juzgados y valorados en función de nuestras adquisiciones materiales, del poder y la influencia que llegáramos a tener sobre los demás.

En esta nueva dimensión todo es diferente, tendemos más hacia la unicidad, hacia la individualidad, el recogimiento, todos estos pasos llevan inevitablemente hacia el crecimiento interior, a buscar las preguntas en nosotros mismos, a estudiar nuestras reacciones. Tenemos tendencia (aunque de forma inconsciente) a aislarnos en nosotros, por eso existen tantas personas que están rodeadas de centenares de personas pero aun así se sienten solas.

Este sentimiento no corresponde a los motivos que podíamos pensar, ahora llegó el momento de reencontrarnos con nosotros mismos, con lo que de verdad somos, con nuestra esencia...

Todo este profundo cambio se hace en soledad, y si sabemos entender bien esta soledad, nos daremos cuenta que es una valiosa herramienta para crecer, ser conscientes de quién somos en realidad. Cuando lo descubrimos, nos damos cuenta que esa soledad solo era un paso hacia la unidad con el TODO, a integrarnos en nuestra verdad, ser conscientes que estamos en el TODO, que somos la NADA y que pertenecemos a la TOTALIDAD.

Cada día miro a mí alrededor y observo con asombro como despiertan más y más seres de luz de este largo letargo. Somos semillas que han estado germinando durante mucho tiempo nutriéndose de la luz, la tierra y la energía, que con su amor incondicional nos han regalado desde el universo. Ahora es tiempo de alzar nuestros brotes verdes hacia el cielo y expandir todo lo que llevamos tanto tiempo evolucionando.

Es tiempo de compartir con toda la creación lo que somos y ayudar conscientemente a transformar la densidad en luz.

¡Mirad cuantos brotes emergen de la tierra!, cómo se desperezan y miran al cielo sabiendo que llegó su hora, siendo conscientes que cuanto más fuertes y saludables se desarrollen, más rápido estarán preparados para ayudar en el proceso de la "fotosíntesis inversa" (devolver a la luz la energía densa).

Al ser conscientes de ello, no sólo impulsaremos a los demás brotes a unirse en nuestro "despertar cósmico", sino que devolveremos a la tierra, la luz y el amor con el que ella nos ha cuidado, amado, alimentado y mimado durante tanto tiempo.

*VENID, VENID, VENID,*
*REUNIROS CONSCIENTEMENTE DE NUEVO CON NUESTRA*
*GRAN FAMILIA CÓSMICA, VOLVED AL SER SUPERIOR Y*
*HONRAROS CON EL DESCANSO DEL "GUERRERO".*

# CÓMO ENTENDER NUESTRO MUNDO CUÁNTICO

En esta parte del libro me gustaría explicaros mi forma de entender "mi mundo cuántico". Primero quisiera expresar que en este plano no existen verdades absolutas, no hay nada que sea totalmente verdadero para mí, que tenga obligatoriamente que ser cierto para los demás.

Todo se vive, se siente y se expresa, en función de lo que uno ve y piensa, se interpretará en el SER en función del "momento cuántico" en el que uno se encuentre.

Empezare por decir que vivimos en miles de "realidades cuánticas" a la vez, que existen miles de "yos" experimentando realidades cuánticas paralelas.

Voy a explicar todo este enfoque de la forma más sencilla que pueda. Os pido disculpas de antemano, porque es un concepto muy complejo y sé que no me va a resultar nada sencillo plasmarlo en un papel y que se entienda con facilidad.

Recordad siempre que todo lo que os explico, lo hago desde una de mis "realidades cuánticas", que para mí sea la verdad absoluta, no implica que lo sea para vosotros, esto es algo que debemos comprender todos, sintáis lo que sintáis y veáis la realidad que veías, siempre será vuestra "verdad" y no necesariamente la verdad de las demás personas.

Empezare dándoos un ejemplo para intentar ir dejando conceptos "anclados".

Seguro que os ha ocurrido alguna vez que habéis coincidido en algún acontecimiento con un grupo de amigos, habéis compartido una comida en un restaurante y quizás después os hayáis ido todos juntos a pasear. Seguro que con el devenir del tiempo en algún momento os habéis vuelto a reencontrar con los mismos amigos y a rememorar aquella antigua comida y el paseo que disteis después. Si os pusisteis a compartir recuerdos habréis observado que ocurre una cosa muy curiosa, cuando cada uno de los participantes cuenta cómo vivió aquel acontecimiento y aunque en rasgos generales coincidan las versiones, en el relato de cada uno de ellos varían los detalles y las percepciones del trascurso de la velada.

Quizás tú recuerdas que la comida era de calidad en el restaurante, que el camarero que te atendió era algo serio y el paseo posterior lo recuerdas como tranquilo y agradable. Cuando escucháis el relato de uno de vuestros amigos, os sorprende que es diferente....comentaba que en el restaurante hacía frio, que la comida no fue de mucha calidad, pero en cambio el camarero le pareció muy amable y servicial, el paseo para él fue ruidoso y le resulto muy largo.

Si analizáis los dos relatos, veréis que a pesar de haber ido a la misma cena, cada uno de vosotros experimentó una vivencia distinta y seguro que si aportara su opinión un tercer amigo de los que acudió a la misma cena, aportaría opiniones y recuerdos distintos del de los demás.

Este mismo ejemplo lo podéis aplicar en el ámbito que se os ocurra, por ejemplo en el ámbito familiar, si contrastáis vuestros recuerdos de la niñez con un hermano o con vuestros padres, cada uno de ellos y cada uno con su visión, aporta versiones muy diferentes de los mismos acontecimientos.

Con estos ejemplos quiero que empecéis a daros cuenta que un mismo acontecimiento vivido por dos o más personas, es vivido e integrado de forma diferente, aunque tenga matices en común.

¿Me preguntareis el por qué? ¿Cómo puede un mismo acontecimiento ser diferente para cada persona que lo vive?

## LA RESPIRACIÓN DEL UNIVERSO

La respuesta es sencilla, pero compleja de asimilar. Cada una de las personas vive en su "realidad cuántica" y aprende e integra información en función de la consciencia que tenga en ese momento, los "espejos" en los que se refleja y en las vivencias adquiridas según su percepción de la "realidad".

Una vez explicado esto os voy a contar desde "mi realidad cuántica" como yo interpreto la información y como la integro.

Un buen día cayó en mis manos y sin saber muy bien cómo, el libro "La Matriz Divina", sé por experiencia que todo lo que me llega de esta manera es porque tengo que leerlo (de forma "causal").

Para mi hubo un antes y un después en mi forma de comprender la "realidad cuántica", no es tanto lo que el libro explica en sus páginas, sino los códigos de información que descodificó en mí esa información.

Para empezar os diré que no existe un "yo" único viviendo en una realidad, he comprendido y visto posteriormente que existen miles de "yos momentáneos" viviendo en "realidades cuánticas" diferentes a la misma vez.

Ahora se con certeza que no existe el pasado, presente y futuro, no al menos como lo sentimos de forma lineal; el pasado (atrás), el presente (ahora) y el futuro ( delante), sino que todas conviven juntas en el mismo "ahora", solo que en "realidades cuánticas" diferentes.

Seguro que os ha pasado alguna vez que un acontecimiento en concreto: una canción, un aroma, quizás el sabor de una comida…os ha transportado a un momento exacto en el "pasado" con el que asociáis dicho estimulo, por ejemplo el olor de las muñecas de plástico recién compradas, cada vez que yo huelo una sin querer, en un instante me traslado a un momento puntual de mi niñez. Quizás una canción al oírla, os trasporte sin daros cuenta a algún momento de vuestra adolescencia y os sintáis por unos momentos en aquel lugar donde oísteis por primera vez esa canción, seguro podéis apreciar con claridad lo que estaba pasando en ese preciso momento cuando sonaba la canción en vuestra adolescencia.

Hasta que leí la Matriz Divina yo creía que esa canción, ese aroma o el sabor de una comida, me hacían recordar un instante pasado (que estaba en mi memoria), pero después de leer el libro entendí que no era un recuerdo, sino que un sentimiento asociado a un estímulo te trasporta al "momento cuántico" donde lo viviste, o mejor dicho y basándome en lo que ahora sé, lo vives en este mismo instante pero en "realidades cuánticas" distintas.

Os voy a contar algo que me paso y me hizo entender realmente como sucedía todo en "otras realidades cuánticas". Dejadme por unos instantes que os trasporte a mi adolescencia, en esta época tuve el privilegio de conocer a una bellísima persona que se convirtió en mi amigo y con el tiempo en algo más....fue una relación de amor intenso, adolescente, con mucha ternura y envuelto en una gran amistad que por suerte perdura hasta el día de hoy.

Aquel ser maravilloso, en ocasiones me cantaba una canción al oído casi susurrando, yo me apoyaba en su pecho y escuchaba cada entonación que él le daba a la canción, sentía su respiración y el palpitar de su corazón, aquella experiencia quedo en mi grabada para siempre. Después en el tiempo, esa persona y yo ya no estábamos juntas, pero cada vez que oía en la radio o en cualquier otro lugar aquella canción, sin querer y realizando cualquier tarea, me trasportaba a aquel instante y por unos segundos volvía a sentir aquella sensación.

Pues bien, después de haber leído el libro (La Matriz Divina), un buen día volví a escuchar la canción y como siempre me volvió a pasar lo mismo, pero esta vez hubo algo diferente, esta vez fui consciente de lo que estaba pasando en realidad, la canción me trasmitía un sentimiento y dicho sentimiento me transportaba conscientemente a esa realidad, cada vez que yo escuchaba la canción, mi "realidad cuántica" cambiaba y me transportaba a ese preciso momento, a ese instante...os puedo asegurar que la última vez en que fui consciente del proceso no estuve unos breves segundos, estuve en esa "realidad cuántica" desde que empezó la canción hasta que termino, estaba recostada en su pecho mientras le oía susurrarme la canción, sentía como vibraba su garganta, el olor de su colonia, hasta pude apreciar que ropa llevaba. Cuando acabo la canción fui realmente consciente que había vuelto a la "realidad cuántica" de mi edad adulta, entonces comprendí que no había viajado en el tiempo ni nada por el estilo, solo había dado un "salto cuántico" hacia la "realidad" de mi "yo momentáneo" adolescente.

Quiero agradecer desde lo más profundo de mi alma, todo lo que aquella persona me regalo en mi época adolescente y trasmitirle desde aquí mi honra y mi amor incondicional por haber sido parte de mi vida y seguir a día de hoy siendo una parte irremplazable de mí.

No os preocupéis si todo esto os suena confuso o no llegáis a aclarar conceptos, seguiré explicando poco a poco, como yo entiendo las "realidades cuánticas" y a través de mis leales y eficaces ejemplos, intentare que sea lo más sencillo posible de entender y asimilar.

Imaginaros por un momento que esta vida que vivimos y los acontecimientos y vivencias que nos han traído hasta aquí, solo fueran una de las muchas "realidades cuánticas" en las que experimentamos. En realidad hay miles de "yos individuales" experimentando de millones de formas diferentes en "yos momentáneos".

Soy consciente que en esta parte del libro os pido un gran esfuerzo. Intentad considerar que no solo sois lo que llegáis a ver cada día en el espejo y de lo que llegáis a ser conscientes, mirad con los ojos del entendimiento, ser capaces de extender vuestra conciencia más allá, desestructurar lo que "creéis que sois", contemplad la posibilidad de que podría ser una posible "realidad" lo que leáis en las siguientes líneas.

Para que podáis entender mejor el significado de todo esto y entendáis que sentido puede tener tal propósito, empezare por poneros el ejemplo del actor interpretando un papel. Imaginaros, por un momento, que ese actor quiere formar parte de la academia de actores y para lograr tal propósito, necesita conseguir la experiencia que se adquiere actuando en miles de obras de teatro; pero como este propósito sería imposible realizarlo con el tiempo del que dispone, decide que en vez de representar un solo papel por obra, representará varios papeles en cada obra y en varias obras de teatro a la vez. De esta forma se nutre a la vez de las variadas interpretaciones que representa en las diferentes obras de teatro y adquiere la experiencia necesaria para lograr su objetivo, en mucho menos tiempo.

Os preguntareis a donde quiero llegar con todo esto que os cuento, y es que la finalidad no es tanto que seáis conscientes de cada "realidad cuántica" en la que vivís, sino que entendáis el concepto global y que os deis cuenta que el tiempo no existe tal y como nos lo explicaron, que la realidad que vivimos en este momento no es única, sino que simplemente es de la que estamos siendo conscientes en este preciso momento.

El objetivo de todo este proceso, es poder integrar y trascender la mayor información posible a nuestro SER a través de las miles de experiencias vividas e integradas en el YO SUPERIOR para así transformarlas en luz.

Si toda esta información que comparto con vosotros, no resonáis en ella, no os preocupéis porque al fin y al cabo es solo mi percepción de mi "realidad cuántica".

Quiero aclarar de nuevo los diferentes "YOS" de los que nos componemos:

- YO SUPERIOR: el ser que recoge en forma de luz todas nuestras vivencias y aprendizajes (EL ACTOR).
- YO INDIVIDUAL: el ser que experimenta e integra a través de las vivencias la información recibida (EL PERSONAJE que interpreta el actor)
- YO MOMENTÁNEO: la parte de nosotros que es consciente en una "realidad cuántica" puntual, de las vivencias que experimentamos en esos momentos (la escena que el "personaje" representa en un momento concreto).

Quisiera ahora recordar algunos conceptos sobre los que ya he escrito y unirlos a información nueva, para dar una visión más global de la totalidad del "puzle".
Si podemos ver ahora con una nueva visión el funcionamiento de las cosas, nos daremos cuenta que todo lo que ocurre en nuestras vidas lo creamos nosotros para experimentar. Ha dejado de tener sentido pensar que los demás son responsables de las cosas que nos suceden. Cualquier escenario en el que estemos "interpretando", ha sido adecuadamente seleccionado para poder aprender e integrar una información. Cuando queramos salir de una situación que nos dañe en nuestra vida (información repitiéndose una y otra vez), lo primero que debemos hacer es ser conscientes de "para qué", vivimos dicha situación y ser conscientes de cuál es el aprendizaje a integrar. Una vez comprendido el "propósito", debéis dejar de aportar energía al problema que queremos que deje de estar presente en nuestra realidad, podríais preguntaros ¿cómo se hace tal cosa?
Partamos de la base que todo lo que es realidad en el "teatro" (nuestra vida), primero se ha hecho realidad en nuestra mente.
Os pondré un ejemplo para entender mejor lo que os quiero contar.

Si yo pienso que solo con el esfuerzo y el sacrificio se pueden obtener resultados, todo lo que viva dentro del "teatro" será obtenido con esfuerzo y trabajo, porque así lo cree mi mente y así lo co-creo y esa información es la que transmito al universo.

En el universo solo existe la abundancia y de esta forma te da abundancia de lo que "piensas", tendrás abundancia de esfuerzo y sacrificio para obtener resultados. De esta manera, siempre se refuerzan nuestras creencias porque el universo nos manda abundancia de lo que pensamos.

Voy a intentar explicar con una estructura diferente a la que tiene el ser humano, como funcionan estos patrones en el universo.

Lo primero que tenemos que entender es que fuera del "teatro" no existe lo "bueno" y lo "malo", que todo lo positivo y negativo son parte de una misma energía que se transforma en movimiento y aprendizaje. No importa cómo se consiga dicho aprendizaje, puesto que aquí no existen juicios de valor, todo es igual de valido siempre que el movimiento se transforme en aprendizaje (así funciona la estructura del universo referente a este tema).

Pensad por un momento que vivís en un lugar en el que nada es bueno ni malo, ni grande ni pequeño, ni más ni menos, que existe abundancia en todo acto.

Si podemos comprender este concepto, nos daremos cuenta que todo lo que hagamos en este lugar al fin y al cabo se transforma en movimiento. En este lugar el movimiento implica aprendizaje e integración y partiendo de la base de que el "libre albedrio" es una premisa que reina en este lugar, que no existen los juicios de valor, porque nada es bueno ni malo, simplemente es energía en movimiento.

Si todo en el universo es abundancia, sería lógico pensar que todo lo que penséis, se materializa en "abundancia" de vuestros "pensamientos" no de vuestros "deseos".

Os pondré uno de mis benditos ejemplos para explicarlo mejor. Si os encontráis en el "teatro", en una situación de "escasez" de dinero y deseáis tener más dinero para salir de dicha situación, pero vuestros pensamientos son continuamente de "escasez" pensando que no tenéis dinero para pagar tal o cual cosa y que no llegáis a final de mes ni con un milagro.

Analizar por un segundo:
¿qué creéis que oiría vuestro YO SUPERIOR?

- No tengo dinero.
- No llego a finales de mes.
- No puedo alimentar a mis hijos.
- Qué mala suerte que tengo.

¿Qué creéis que os daría vuestro YO SUPERIOR? (Teniendo en cuenta la información que os he explicado)

- "ABUNDANCIA" de lo que pensáis (en este ejemplo de escasez).

Quizás penséis que esto resulta irónico, pero no es así...recordar que todo lo que pensamos, después lo creamos y además estos pensamientos son apoyados por la abundancia del universo, porque esto es lo que hay en el universo: ABUNDANCIA.

Volved a meditar sobre mis palabras anteriores, por favor no saltéis por encima de ellas, este concepto nuevo que os he explicado necesita meditación y comprensión.

- Somos lo que pensamos.
- El universo es abundancia.
- Nuestros pensamientos son alimentados con abundancia.
- La realidad se crea primero en nuestros pensamientos y después se materializa en "nuestra realidad".
- Vigilad vuestros pensamientos, son armas poderosas.
- Disciplinad vuestros pensamientos.
- No penséis sobre lo que no tenéis, pensad en lo que queréis y merecéis.
- No alimentéis con vuestros pensamientos los problemas que tenéis.
- Visualizar y alimentar con pensamientos las soluciones a vuestros problemas.
- Amad y respetad el PROCESO.
- Tened fe en vosotros y en lo que sois.
- En el universo no existe lo "bueno" y lo "malo" ni existen los juicios de valor.
- Todo es información en movimiento que se transforma en crecimiento y entendimiento.
- Sed poseedores de vuestra fuerza.
- Co-cread vuestra realidad.
- La consciencia domina a la física.
- No hay nada que no podáis tener y que no merezcáis.

Entended que en esta nueva dimensión todo es diferente, los valores sobre los que os apoyabais han cambiado para siempre, para integraros en la nueva dimensión y pertenecer a la NUEVA ERA, tenéis que creced hacia vuestro interior, preguntaros a vosotros mismos vuestras dudas, nadie las sabrá contestar con mayor sabiduría. En esta dimensión el dinero, el poder, la influencia, los estatus sociales y económicos son papel mojado, no poseen fuerza ni tienen estructura donde apoyarse, todos los seres que ya están en esta dimensión sienten en su interior nacer con fuerza, un nuevo poder que lo transforma todo, lo modifica, lo recompone y reestructura la ley de la física.

Este nuevo poder se llama "CONSCIENCIA".

Quizás estaréis pensando que este concepto es descabellado y si analizáis este razonamiento desde las estructuras viejas podríais tener razón, pero no es válido si te encuentras en la nueva dimensión. En esta nueva dimensión la física actual, la que conocemos hasta ahora, está supeditada a la consciencia. Ya lo he mencionado con anterioridad, no hay nada que nuestra mente con un nivel de consciencia adecuado no pueda conseguir o alcanzar.

Voy a detallar todo este concepto explicando que es la "matriz divina" y poder darle así un contesto razonable y de peso a mi "percepción" de mi "realidad". Comencemos por imaginarnos un velo muy fino, trasparente, imperceptible, que cubre todas las cosas que conocemos. Imaginad una manta energética que lo envuelve todo y que no solo está en contacto con todo lo que existe, sino que es parte del todo y nutre con su energía e información todas las cosas y todas las cosas la nutren a su vez, una "simbiosis cósmica".

Sabéis que cualquier cosa que existe y conocemos está formada por átomos y estos átomos se agrupan de una manera u otra para materializar todo lo que vemos. Está demostrado de forma científica que los átomos modifican su forma de agruparse cuando entran en contacto con el ADN y a su vez el ADN se modifica a través de la emoción.

Existen experimentos de científicos de renombre que avalan lo que os digo (toda la información detallada la podéis encontrar en el libro *La matriz Divina*). Os pido disculpas por no entrar con mayor detalle en este tema en concreto, porque necesitaría un libro completo solo para hablar de la matriz y existen autores brillantes que nos explican detalladamente todos los por menores sobre este tema; pero si me voy a permitir aclarar en la medida de lo posible con uno de mis ejemplos el papel fundamental que tiene la matriz divina.

Me gustaría hablaros ahora del "fenómeno del centésimo mono", en la década de 1950, unos científicos japoneses le dieron batatas a unos monos de Koshima dejándoselas en la playa. A los monos les gustaba el sabor de las batatas, pero no el de la arena, por lo que cuando se las comían hacían muecas y escupían la arena de sus bocas. Cierto día, una mona aprendió a lavar las batatas y le enseño a sus hijos y a otros monos a lavar las batatas. Trascurrido un cierto periodo de tiempo, cuando aprendieron más de un centenar de monos a lavar las batatas, 'la llamada masa crítica', de manera repentina todos los monos (con excepción de los monos viejos) sabían lavar batatas, y para mayor asombro de los científicos, incluso colonias enteras de monos que se encontraban en otras islas a cientos de kilómetros de Koshima, comenzaron a lavar sus batatas sin que nadie se lo enseñara.

Fue entonces cuando los científicos llegaron a la conclusión de que cuando un cierto número de seres alcanzan un cierto nivel de entendimiento sobre un nuevo concepto, este concepto se comunica mentalmente entre los individuos de la misma especie. En este caso el fenómeno fue bautizado como "del Centésimo Mono", y establece que cuando un cierto número de personas gana un cierto estado de conocimiento, "la masa crítica", se crea un espacio de conciencia al cual tienen acceso más y más individuos y del cual cada uno puede obtener su propia lección en concordancia. (Información extraída de los estudios del doctor Layan Watson).

Ahora quizás os preguntéis ¿cómo pudieron grupos de monos de otras islas comenzar a lavar sus batatas?

La respuesta es sencilla y a la vez asombrosa, a través de la "conciencia colectiva". Al adquirir el primer grupo de monos la habilidad de lavar las batatas, desde su conciencia nutrieron a la matriz con esa información y a su vez la matriz nutrió al resto de grupos de monos con la misma información, y aunque los grupos de monos no eran conscientes de cómo adquirieron esa información, comenzaron a usar dicha habilidad adquirida a través de la matriz.

Ahora trasladar este ejemplo a todo lo demás, os daréis cuenta que podéis encontrar cientos de ejemplos que tienen un mismo punto de unión, la información trasmitida a través de la matriz. Esto mismo se puede ver en el ser humano, todos sabemos que cuando se implanta en la "conciencia colectica" una idea concreta (pondremos de ejemplo "la crisis mundial") todos nos sentimos en crisis, por más que sigamos teniendo el mismo puesto de trabajo y nuestras circunstancias personales no hayan cambiado. Sentimos en todo nuestro entorno esta información, que se instala en el subconsciente colectivo. Os pondré otro ejemplo muy sencillo de entender: todos sabemos que en las ciudades grandes todo el mundo va con prisa y todo parece transcurrir a mayor velocidad. Seguro que has comprobado que si un día sales a pasear por la ciudad y no tienes ninguna prisa, por más que te esfuerces en no correr y aún siendo consciente de tu propósito (de ir paseando sin prisas), más tarde o temprano terminas acelerando el paso, te contagias de las prisas de todo el mundo. Esto sucede porque en una gran ciudad existe la información en la "conciencia colectiva" de que hay que hacer todo a prisa y esa información pasa a nutrir la matriz y la matriz a su vez nos nutre a todos nosotros. Poned este mismo caso, pero en el lado opuesto, una persona que va de viaje a un pequeño pueblito, enseguida nota esa quietud, esa calma, parece no pasar el tiempo y aunque el visitante llegue de una ciudad y este muy acelerado, más tarde o más temprano se contagiara de dicha calma.

Estos son pequeños ejemplos que os he dado, ahora extrapolad este concepto a países, continentes y a nivel mundial.

En cualquier caso, la matriz está siempre presente y siempre cumple su cometido.

Por consiguiente, una vez que cierta parte de una población ha oído hablar de una nueva idea o aprendido una nueva habilidad, la difusión de dicha idea o habilidad entre el resto de la población se produce en forma instantánea. Este hecho es algo que se encuentra fuera de toda discusión y que forma parte de la realidad.

Por consiguiente, si nos nutrimos de la matriz y a su vez ella se nutre de nosotros, y siendo conscientes que la mayoría de las veces ocurre de forma "inconsciente" (y aun así los efectos no cambian), podríais llegar a pensar que si este acto lo hiciéramos de forma consciente y con consciencia, sería lógico esperar que lo que integremos y trasformemos en nuestro interior y nos ayude a evolucionar, de forma inmediata lo aportamos a la matriz y todos los demás seres se beneficiarían de nuestro aprendizaje.

Entonces sería consecuente pensar que toda la información que evoluciones e integres, no solo te eleva a ti, sino que también ayuda a elevar a todos los demás seres.

¿Comprendéis ahora cuanto poder tenéis de forma individual?

Este concepto es tan simple como maravilloso.

## LA RESPIRACIÓN DEL UNIVERSO

— Sed lo que sois.

— Amaos a vosotros mismos sin medida.

— Coged con orgullo en vuestras manos el poder que os merecéis.

— Sed conscientes de vuestro poder y usadlo con consciencia y sabiduría.

— Lucid como SOLES radiantes, porque es vuestro legado y vuestra recompensa.

— Entregad vuestra luz haya donde vayáis y no juzguéis quien la recibirá.

— Abanderad el cambio hacia la nueva era.

— Cogeros de la mano y haced pilares firmes donde construir las bases de la nueva era.

— No dudéis ni por un instante de quienes sois y hacia dónde vais.

— Todo el universo celebra con amor y devoción vuestra misión.

— Devolved a GAIA[7] su lugar y compartid a su lado la honorabilidad del momento.

— Amad todo lo que es, porque nada nace sin propósito o misión.

---

7  Se explicara a continuación.

— Descansad sobre lo cosechado, porque lo que se transforma en luz, vuelve a la **FUENTE SAGRADA**.

— Vestíos con los colores que os honran.

— Unid con lazos de consciencia a vuestras familias universales.

— Sed portadores de compasión infinita.

— Amad y respetad por encima de todo "el proceso".

— Nada está fuera de lugar o misión.

*VOLVED AL TODO*
*PORQUE EL TODO SE COMPLETA*
*SABIÉNDOSE UNO.*

# GAIA

Es una teoría científica que afirma que todos los seres vivos que habitan en la biosfera, pueden considerarse un único súper-organismo vivo y autorregulado, que se relaciona entre si e influyen los unos sobre los otros.

Los seres vivos mirados individualmente, serian algo similar a las células del cuerpo, que aunque son independientes, todas juntas forman un organismo más complejo.

Un maravilloso ejemplo de lo que es GAIA lo tenemos muy bien representado en la película *Avatar*.

Autor: Sunny Strasburg

# CÓMO INTEGRAR LA INFORMACIÓN

Mis amados lectores, entramos en la última parte del libro.
A nivel personal os diré que es la más complicada para mí... porque deseo con toda mi SER que todo lo que os he contado y lo que me queda por contar, os ayude a sentir que tenéis toda la información y todas las herramientas para que podáis ver quien sois en realidad, que a partir de ahora toméis los caminos que sintáis que son los adecuados para vuestro aprendizaje y vuestra integración.
En esta última parte quiero que aprendáis a usar el poder de vuestra mente y lo podáis aplicar en vuestra realidad.
Comenzaré por pediros paciencia y compasión con vosotros mismos, seguro que habrá cosas que al explicároslas os sonaran familiares y fáciles de entender y las podréis aplicar con naturalidad, otras serán algo más complicadas y requerirán un periodo de adaptación. No desesperéis porque no hay nada que no esté en vuestro interior, el primer paso en este camino será que os sentéis en una íntima conversación con vuestra alma y que bajo ningún concepto este invitado a dicha conversación el "Ego".
Analizad "quienes sois", que papel representa el "yo individual" en este momento. Una vez que esta cuestión esté clara, tenéis que haceros la pregunta más importante que hará que todo cambie para vosotros: ¿quién queréis ser?
Debéis prestar mucha atención al resultado del análisis, esta información será clave para convertiros en "quien queréis ser".
Recurriré una vez más a uno de mis ejemplos.
Pensad en una mujer que vive con su pareja y su hijo. Tiene un trabajo nutricional[8].

---

[8] Un trabajo nutricional es aquel que realizas porque te pagan, pero que no refleja de ningún modo lo que tú eres, ni a tu "DON".

A menudo se siente sola, que no la comprenden, su trabajo no le aporta nada positivo, se siente distanciada de su hijo y no se siente valorada por su pareja. No hay nada en su vida que destaque por ser demasiado negativo ni tampoco por lo contrario. Esta persona a ojos de los demás no tendría grandes problemas, pero no se siente realizada, completa, sabe que no hace lo que de verdad le gusta, lo que le hace vibrar. Aunque no sabe lo que quiere, si tiene muy claro lo que no quiere. Si hacemos un análisis de la vida de esta persona llegaremos a varias conclusiones:

— Su trabajo no le aporta nada positivo en su vida.
— La comunicación con su hijo es muy escasa y no se comprenden.
— Su pareja no la valora como ella desearía.

Pensad por un momento ¿qué cosas debería hacer para cambiar su realidad? Tened en cuenta a partir de ahora que las soluciones las debemos buscar con la nueva visión que os estoy aportando.

— Para ser valorada por su pareja, debería entender primero que su pareja le sirve de "espejo", y entender que es "ella" la que no se valora. Debe buscar los motivos del ¿para qué? se siente así, y cambiar desde su interior la valoración que tiene de ella misma, de esta forma se reflejara en toda su "realidad", incluyendo a su pareja.

— Para solucionar el tema de su trabajo, no sirve con que simplemente se cambie de trabajo, debe pensar y comprender qué es lo que la hace feliz, qué es lo que más le gustaría hacer, qué tiene en su interior para compartir con los demás. Una vez que lo descubra, habrá encontrado su "DON", y desde su esencia tiene que pensar de qué manera ese "DON" puede ayudar a los demás. No hace falta que se ocupe del "cómo", eso lo tiene que dejar en manos del universo, porque por difícil que os sea de aceptar, una vez que descubrimos nuestro "DON", el cómo y dónde desarrollarlo se va a dar solo, fluirá sin tener que esforzarnos, porque esto es lo que tiene de increíble esta dimensión, si eres valiente para mirar hacia tu interior y eres coherente con lo que ves, con lo que tu SER es, todo lo demás llega con fluidez y abundancia.

— Para lograr el entendimiento con su hijo y poder tener una relación fluida y de amor, debe analizar las cosas que le irritan o le molestan en su hijo, y de nuevo buscarlas en su interior. Porque su hijo también le hace de "espejo", no olvides nunca que "nuestros hijos serán nuestros maestros", ellos nos enseñan a amarlos respetando lo que son, debemos olvidar lo que queremos que sean, porque eso solo es un reflejo de lo que queremos o quisimos ser nosotros.

Si analizáis este ejemplo, veréis que el cambio siempre procede desde nuestro interior y después se refleja en nuestra "realidad". Nunca intentéis cambiar vuestras circunstancias desde el exterior (esto sería un esfuerzo estéril).

Analizar siempre en "quién" os reflejáis para poder ver vuestro interior (hijos, parejas, amigos). Al igual que veis vuestros rostros cuando os miráis en un espejo, (si no fuera por la ayuda del espejo no podríais saber cómo sois físicamente), de igual manera nos ayudan los "espejos" que nos reflejan las demás personas (para reflejar nuestro interior en ellos).

- Sed justos cuando hagáis vuestros análisis, no busquéis culpables (no existen), ni siquiera "vosotros mismos" lo sois.
- Amad y honrad el proceso que os trajo hasta este momento.
- Sentiros afortunados porque todo lo que necesitáis para ser "quien queréis ser", lo lleváis dentro.
- Tened compasión con vosotros mismos y no recriminéis lo que sois. Estáis ahora aquí y es correcto todo lo que os trajo a este preciso instante.
- Sentid que cada instante es una nueva oportunidad para tomar las riendas de vuestras vidas.
- No existen los errores, solo existen aprendizajes.
- Sed bondadosos cuando os juzguéis.
- Id paso a paso, nunca estaréis solos, en cada "respiración" el universo os acompañara.
- Amaos por encima de todo, porque sois seres de luz experimentando en la densidad.
- Dedicad tiempo a vuestro crecimiento, es el "trabajo" más importante.
- Valorad vuestros logros y amaros en vuestras "debilidades".
- Sed conscientes de vuestra luz y honrad lo que sois.
- Sed fieles a vuestra esencia, no traiciones lo que sois.
- No dejéis que nadie os diga lo que podéis conseguir y hasta donde llegareis.

## LA RESPIRACIÓN DEL UNIVERSO

No existen pócimas mágicas que os ayuden a entender "TODO LO QUE ES", no sería adecuado, pero habéis llegado hasta aquí y eso es un éxito, con todo su esplendor... No se esperaba tal resultado.
El ser humano con su amor incondicional y su valentía ha traído a GAIA hasta este momento.
Es un honor merecido que el ser humano se ha ganado, estar hoy aquí, y pertenecer a este cambio dimensional, contribuyendo conscientemente a la unión del SER en el TODO.
Tenéis que ser conscientes de que en esta dimensión nada se gana a través del esfuerzo o del sacrificio. Todo es dado a través del entendimiento y la consciencia adquirida, cambiad vuestra visión sobre lo que "FUE", comprended lo que ahora "ES".
Apoyaros en los demás, reforzad vuestra nueva visión impulsando con vuestra luz, el crecimiento de todos los demás seres.
Una vez que se ha caído el velo de la dualidad[9], ya no hay marcha atrás, solo queda el camino del compromiso y la responsabilidad de lo que "SOIS".
Asumid con nobleza el "trabajo" de vuestro "contrato cósmico". No escondáis vuestra verdad. No importa quien la creerá o no, llegó la hora de que renazca la verdad de lo que "sois" y que todo se vuelva trasparente y genuino. Estamos asistiendo a un despertar en masa.
Mirad a vuestro alrededor con los ojos del entendimiento y observad que hay un gran despertar de consciencia.
Muchos seres se reencarnan de nuevo, para traer nueva tecnología, visiones diferentes sobre cómo hacer las cosas, mirad cuantos niños nos asombran con sus habilidades y conocimientos, (almas viejas en misión).

---

9 Dualidad: es la existencia de dos fenómenos en una misma persona (que en muchas ocasiones no se reconocen entre sí), YO SUPERIOR y YO INDIVIDUAL

¿Creéis en verdad que todo esto es casualidad?
Llegan seres de diferentes galaxias y dimensiones para convertirse en carne y así aportar las herramientas y los conocimientos para ayudar a sentar las bases de la NUEVA ERA. Somos todos parte de una misma consciencia, (que está en total armonía con el TODO) y así aportar cada uno en particular y todos juntos de forma global, las estructuras, los conocimientos, el amor y la compasión para que se expanda la NUEVA ERA.

*"Mirad que papel tan importante cumplís
todos y cada uno de vosotros".*

Tenéis que ser conscientes de lo importantes que sois y de la responsabilidad que traéis.
Recordad lo que ya os he mencionado: "el simple aleteo de una mariposa se puede sentir al otro lado del mundo". Seguro que ahora cobra más sentido y fuerza el significado de esta frase.
Todos y cada uno de vosotros sois infinitamente importantes, es imprescindible vuestro "trabajo individual". Jamás menospreciéis lo que sois capaces de conseguir, hasta donde podéis llegar y como podéis impulsar al resto de la humanidad.
Si habéis llegado hasta aquí, a mi lado....toda la información ya está en vosotros y eso no puede involucionar. En vosotros está la decisión de qué hacer con ella y cómo usarla.

Me gustaría nombrar ahora algunas de las dimensiones que existen, pero primero empezaré por explicar qué son.

***Las dimensiones son espacios energéticos que poseen características muy diferentes y dependen de la vibración, la vibración es el grado de movimiento de la energía.***

**Primera dimensión:**

En esta dimensión están los seres y las cosas que no pueden moverse por sí mismos. La ascensión de esta dimensión a la segunda llega a través del movimiento.

**Segunda dimensión**:

En esta dimensión los seres se pueden mover por si mismos pero carecen de emociones o pueden tener emociones de baja vibración (miedo, rabia, culpa...) La ascensión hacia la tercera dimensión, llega a través de las emociones de alta vibración (alegría, amor, gratitud...).

**Tercera dimensión:**

En esta dimensión conviven seres y cosas de primera y segunda dimensión y seres de dimensiones más elevadas. Es por esta razón que el planeta Tierra es tan especial: pueden convivir seres y cosas de dimensiones diferentes y aportar experiencias muy variadas. Gracias a que nos movemos en mares de información, a las características de la tierra y a nuestro cuerpo físico, podemos experimentar y acceder a dimensiones más o menos elevadas con el poder de nuestra mente. En esta dimensión es el poder del pensamiento el que nos permite evolucionar, por este motivo adquiere un papel muy importante la física cuántica, porque podemos materializar aquello que pensamos. Los pensamientos de alta vibración nos permiten transportarnos a dimensiones más elevadas y de esta forma podemos conectar con los seres que se encuentran en estas dimensiones. Los pensamientos de baja vibración (miedo, desconfianza, ira,...) nos ponen en contacto de igual forma con dimensiones y seres de baja vibración.

En este proceso de evolución solo depende de nosotros mismos avanzar o quedarnos estancados.

Tened en cuenta que la tierra está siendo encumbrada hacia dimensiones más elevadas, gracias a las fuerzas del universo y a su propia evolución. Que este proceso sea más o menos rápido, depende de nosotros. Todos formamos parte de GAIA y estamos juntos inmersos en el proceso de cambio, por eso es tan importante la "masa crítica" (como en el experimento de los monos), cuantos más seres humanos sean conscientes del cambio y decidan evolucionar hacia dimensiones más elevadas, más fácil le será a la Tierra evolucionar con armonía y rapidez.

El universo se encuentra inmerso en este mismo proceso. Todo lo que ES y todo lo que EXISTE... vuelve de nuevo a la FUENTE SAGRADA.

**Cuarta dimensión:**

En esta dimensión los seres se encuentran en una especie de "impasse", un lugar donde necesitan encontrarse a sí mismos, saber quiénes son, reencontrar su lugar y su misión, encontrar el camino del entendimiento y la integración. Esta evolución vendrá de la mano de adquirir consciencia de lo que son y entender hacia dónde van. Todos los seres que están en esta dimensión cuentan con la ayuda de sus guías espirituales, y de otros seres que se encuentran es la misma situación. Es en esta dimensión donde se encuentran muchos seres humanos que necesitan saber quiénes son y a través de asimilar e integrar la información que experimentan en sus vidas, adquieren la consciencia necesaria para poder transcenderse y pasar así a la quinta dimensión.

**Quinta dimensión:**

En esta dimensión nada "es" como "era", las estructuras son diferentes, la comprensión del TODO y la capacidad de crear será mucho mayor, esto debe ir acompañado de una gran responsabilidad, ya que todo lo que se crea es esta dimensión puede afectar en gran medida al resto del universo. En esta dimensión las capacidades psíquicas y cognitivas son amplias y poderosas, es por este motivo que hay que alcanzar un grado de consciencia elevado.
Es desde esta visión, de donde nace la consecuencia que implica haber escrito este libro.
Llego la hora de que todos los seres humanos tengan con toda claridad la información de lo que "SON", de saber hacia "dónde van" y entender cómo integrar todo lo que "ES".
Ser conscientes de su legado, que tomen el poder del que son merecedores y retornen al lugar de donde un día partieron:

*LA FUENTE SAGRADA*

"La fuente sagrada" es el lugar donde se pertenece al TODO.

El TODO es la esencia de la totalidad, y la consciencia absoluta se expande hasta convertirse en la NADA.

Quisiera terminar la última parte del libro, agradeciéndoos desde lo más profundo de mi SER que hayáis llegado hasta aquí, a mi lado. Gracias por haber compartido conmigo este viaje que nos ha traído a lo largo de tantas líneas y tantos conceptos por integrar, hasta este preciso instante.

Soy consciente de que nada es "casual" y si estás leyendo estas líneas en este momento...es porque todo está en el momento y el lugar adecuado, para que nuestros caminos se unan.

He escrito bien esta palabra tan meditada "unan", porque una vez que hemos compartido nuestras "realidades cuánticas", ya nada será igual para ninguno de nosotros. Vosotros al leer mis "verdades" y viajar a mi lado, aunque solo haya sido por unos instantes, con vuestros pensamientos y vuestras emociones, habéis aportado a la matriz lo que sois... e inevitablemente mi realidad queda impregnada de vuestra esencia.

Desearía con todo mí ser que fuerais capaces de ver lo que yo veo en vosotros, que sintierais el orgullo y el honor que siento yo porque me hayáis dado la oportunidad de contaros "mi verdad", gracias a vosotros puedo seguir cumpliendo mi "contrato cósmico".

En este acto solo existe honor y reconocimiento.

## Reconocimiento desde mi Esencia...

En esta parte del libro quiero honrar a todos los SERES y vivencias que me han traído hasta aquí.
Sin todos y cada uno de ellos no estaría en este preciso momento. Llevo en mi esencia la fragancia y la huella de todos ellos, que de una manera u otra, a través de su amor o con sus "bellísimos espejos", me han ayudado a llegar a ser consciente de quién soy y cuál es mi DON.
Sé que toda mi *FAMILIA UNIVERSAL*, me ha acompañado sin desfallecer a lo largo de mi existencia. Todos juntos llegamos hasta aquí y aquí es apropiado SER.
Quiero nombrar ahora a mi "alma gemela", que está en cada una de mis respiraciones, es mi esencia...latimos en un solo SER, es justo que ocupe el lugar que TIENE.
Deseo ahora hablar de mi amado *SAIM*, que me ha acompañado con paciencia y amor incondicional en mis primeros pasos, fue mi guía amoroso, sin descanso y en mis peores momentos, jamás dejo que me sintiera sola. La honra es mía y tuyo el merecimiento.
Es apropiado en este momento decir que este libro al igual que todo lo que existe, no es solo mérito de una sola persona, muchos seres y personas han contribuido a que esta energía se manifieste en la materia.
Gracias a todas y cada una de ellas por ayudarme a traer a esta dimensión la LUZ de este libro.

# CITAS

A continuación algunas de las personas que me acompañan en mi camino, dejaran con su esencia y acompañado de palabras su *VERDAD*.

*POEMA DE LA RESPIRACIÓN DEL UNIVERSO*

En la nada estaba, el todo era...
Algo cambio y se expandió.
Mi eterna unidad se desperdigo
en la materia me integre,
y con ella de todo me olvide.
En soledad y oscuridad llore,
alejada de todo me encontré,
entre lágrimas mi poder reclame.
¡Basta de tristeza!... a casa quiero volver.
Buscando entre mar y tierra herré,
porque el camino a casa solo dentro de mi hallare.
Respirando profundo a mí me encontré
y hasta el fondo de mi corazón llegue.
El amor, la paz, el respeto... integración.
Que armonía, que belleza es la unión.
Desde mi interior emano luz en ebullición,
y con GAIA y el universo hago mi fusión.
Llegue a casa desde el reverso,
siendo uno con..." LA RESPIRACIÓN DEL UNIVERSO".

Xakelin Tejero Martos

Mónica Martos

En el mundo pérdida estaba,
no sabía quién era, a donde iba,
simplemente no entendía...
Paz y estabilidad me trasmitía.
Me encontré a mí misma, me situé
ya entendía...
Con el entendimiento que ahora tengo
conscientemente formar parte del TODO quiero....

Ione Cañizares

Sencillo y claro por la forma.
Poderoso y veraz por sus vividos contenidos.
Gracias Mónica por tu visión y entrega,
aportando luz y entendimiento.
Qué "La respiración del Universo"
llegue a muchos y toque sus corazones.

Esperanza Álvarez San Segundo

Nuestra realidad es una respuesta
de nuestros pensamientos.
Poder comprenderlo e integrarlo,
es el primer paso
para el camino hacia EL DESPERTAR.

Melisa Chogriz

## LA RESPIRACIÓN DEL UNIVERSO

Es tiempo de despertar
y dejar los miedos atrás.
¡Quiero empezar a vivir!
Que complicado me dije.
Empecé a sentir miedo,
pero ese día,
acompañada de este sentimiento,
salí a la calle.... abrí los ojos,
y empecé a mirar pero sin juzgar.
En ese momento comencé a sentir
todo lo de mí alrededor, dentro de mí,
una belleza indescriptible del mundo.
Entonces me cruce contigo...
Sí, contigo...
Empezando a sentir un amor tan profundo hacia ti,
¿O quizá era hacia mí?
Ya no sentía miedo porque tú estabas ahí,
¿O quizás también era yo la que estaba ahí?
Gracias a ti que cada día me haces recordar,
que soy la luz...
Que soy UNO con el universo.
Que no tengo nada que temer
Porque tu estas ahí....
¿O simplemente soy yo la que está ahí?

Conchi Ortuño Sirvent

Una gran labor.
Mi mayor respeto frente a una contribución
esencial al crecimiento espiritual de la humanidad.
Un trabajo lleno de amor y sabiduría.
Aporta enriquecimiento y es una herramienta
útil para encontrarse a uno mismo.
Gracias por llenar nuestras vidas con luz,
contribuyendo a unir cada vez más a
todos los seres de este planeta maravilloso
en el que vivimos.
Quiero hacer una mención especial a mi querido amigo
Guillermo, sin el cual esta labor ciertamente,
no hubiera sido posible.
Con mi amor y luz.

Daniele Bedeschi

## LA RESPIRACIÓN DEL UNIVERSO

A continuación os citare algunos de los libros, seminarios, películas y documentales que me ayudaron a comprender y a integrar la información:

Libros:

- Mi preparación para Ganimedes (Yosip Ibrahim)
- Mi viaje a Ganimedes (Peter Arturs)
- Jiddu Krishnamurti
- Kryon (Lee Carroll)
- El libro del conocimiento (Vedia Bülent)
- La matriz divina (Gregg Braden)
- Células inteligentes (Bruce Lipton)
- La biología del pensamiento (Bruce Lipton)
- El principito (Sait Exupery)
- El misterio gnóstico de las catedrales (Carlos Sanguino)

Seminarios, películas y documentales:

- Más allá de los sueños (Robin Williams)
- Avatar (James Cameron)
- Y tú qué sabes (David Messulam)
- Lucy (Scarlett Johansson)
- Las nueve revelaciones (Manuel Guamàn)
- La auto-curación (Louise Hay)
- Maestra EMF Balancín Technikue (Esperanza Álvarez)
- Desprográmate y vuelve a ti (Ana García)
- Ater Tumti (Matías de Stefano)
- Desdoblamiento de los tiempos (Alejandra Casado)
- BioNeuroEmoción (Eric Corbera)

## AGRADECIMIENTOS

En primer lugar quiero agradecer a mí amada hermana Xaquelin que ha dejado su esencia en cada palabra que he escrito, este libro no hubiera sido posible sin ella, ha estado a mi lado desde la primera palabra que escribí y me ha inspirado y ayudado en cada paso de mi camino, ella "ES" este libro, porque ella está en mí y juntas somos un solo SER.

Mi especial agradecimiento a nuestro otro yo... Conchi, que con su luz, amor y sabiduría cósmica, camina a nuestro lado, iluminando con su Don nuestro camino, gracias por ser parte de nosotras y así poder integrar todas juntas en UNIÓN el TODO en un solo SER, (sin ti "estrellita del universo" este proyecto no sería posible).

Diseño de portada: Armonía Visual Studio, gracias Albert por dejar tu esencia en el libro.

Quisiera agradecer a todos los componentes de mi editorial UNO, que desde el principio han guiado y cuidado los pasos de nuestro libro, con su dedicación y entrega logran que libros como este lleguen a ser una realidad.

A todos los que han contribuido con su esencia en la sección de CITAS del libro y han aportado su luz para que este libro sea una ÚNICA energía compuesta por muchas almas.

A todos y cada uno de los autores de las imágenes del libro, que desde su Don hacen que este libro este completo en su totalidad.

Quisiera mencionar al autor: Mario Duguay por su contribución especial con este libro;
http://www.duguay-art.com/

Quisiera mencionar a dos de nuestras "lucecitas cósmicas", Melisa y Yolanda, sois parte de nuestra Familia Universal, estáis y estaréis siempre ligadas a nuestro camino hacia la nueva era.
No importa cuándo... ni dónde...

Ahora estas en nuestras vidas, gracias papa.

Si vibras en nuestra esencia y quieres saber más
sobre nuestro trabajo "El camino hacia la Nueva Era",
puedes ponerte en contacto con nosotros:

Pagina web:
http://larespiracion.wix.com/deluniverso

Correo electrónico:
respiracionuniversal@hotmail.com

www.ingramcontent.com/pod-product-compliance
Lightning Source LLC
Chambersburg PA
CBHW070517090426
42735CB00012B/2818